いまから始める！
ミドル公務員のすこやかキャリア

島田正樹

公職研

はじめに

充実した気持ちで仕事と向き合えること

公務員としての仕事が評価されて、何かの賞を受賞するわけでもない。特筆した成果を挙げて、メディアに取り上げられるわけでもない。決して目立つことなく日々仕事と向き合い、ときには失敗もミスもしてきたけれども、同僚や住民から感謝されながら公務員として働いてきた。

本書は、そんな普通の公務員の皆さん、特に40代から50代のミドル期の公務員の皆さんが、仕事もプライベートも自分らしく生きる方法についてお伝えするために書きました。

日本は人口が減少しはじめ、社会構造が成長フェーズから成熟フェーズへと変わりました。地方自治体の現場からは正規職員が減らされる一方で、地域の課題は多様化・複雑化し、日々行政に求められる役割は新しく困難なものになっています。

追い打ちをかけるように発生した新型コロナウイルス感染症への対応で、保健衛生分野に限らず、役所の中の多くの部署が疲弊しているように見えるのは、私だけではないのではないでしょうか。

単純に結びつけることはできませんが、定年退職まで勤めるのが当たり前と思われていた地方公務員の世界でも、若手を中心に離職が増えていて、メンタル不調を原因とした病休者の人数も増加傾向にあります。

そんな中で、組織の中でも中核的な役割を担い、後進の育成にも取り組むミドル期の私たちが、充実した気持ちで日々の仕事と向き合えることは、当事者一人ひとりにとっても組織や地域にとっても重要なことです。

それと同時に、40代から50代のミドル期は、仕事でもプライベートでもこの年代特有の課題を多く抱える時期でもあります。

中年の危機

本書で想定している読者は、普通の公務員の中でもミドル期の皆さんです。

この世代を対象にするのには理由があります。

皆さんは「中年の危機」という言葉を聞いたことがあるでしょうか。

私は、公務員として市役所に勤めながらキャリアコンサルタントの国家資格を取得し、日々様々な相談者の悩みをお聴きしています。私たちキャリアコンサルタントがよりどころにする〝人のキャリアに関する体系立てられた知識〟を「キャリア理論」と呼びますが、その中に「中年の危機」という言葉があります。

「中年の危機」とは、人生の正午を過ぎる頃、つまりは40代から50代にかけて、仕事における立場・役割の変化、プライベートでの状況の変化、身体的な変化などが重なり、戸惑いや不安、葛藤を感じたり、やる気を失ったり、何だか元気がなくなったりする、この時期特有の課題です。詳しくは本編で説明しますが、キャリアの相談をお聴きしていても、40代から50代にかけて多くのひとがミドル期に共通する悩みを抱えていらっしゃるのを感じます。

皆さんの職場ではいかがでしょうか。周りに「若い頃はすごかったのにな」。「歳を重ねて何だか疲れちゃってるな」。そんなふうに見えるミドル期の職員はいませんか。

もしくは、あなた自身はどうでしょうか。

かく言う私自身がこの世代真っ只中であり、今まさに中年の危機に向き合っている最中です。主査から係長になって役割の変化に不安を感じ、娘たちが中学生になって家族の過ごし方の変化に戸惑い、今後のキャリアをどう歩むか葛藤を感じています。

地方公務員の現場において中核を成すのは、係長クラスから管理職にあたる40代から50代の世代です。一方で「中年の危機」に代表されるように、この世代は様々な課題と直面する世代でもあります。

そんなミドル期の皆さん（と私も！）がこの時期に抱える様々なモヤモヤとどう向き合うといいのか、本書ではちょっとした工夫や心の構え方を一緒に考えていきたいと思います。

仕事も人生もまだ「まんなか」

人生１００年時代という言葉もだいぶ定着してきました。今のミドル期の私たち全員が実際に１００歳まで生きるわけではありませんが、全体として長寿命化が進み、その結果として何らかの仕事をしている期間は今後ますます長くなっていきます。

私が公務員になった頃、定年は60歳でしたが、今は65歳に変わりました。私たちが定年退職するまでにさらに延長される可能性もありますし、そもそも長く生きることになったために定年後も70歳、75歳まで働くひとがどんどん増えていくでしょう。

人生１００年だとすると、50歳はまだ人生のまんなかです。

50歳を過ぎると、定年退職（今後は役職定年）までに自分がどのくらいの役職にたどり着けるかが見えてきて、あとは最終コーナーを安全に曲がり切ればゴールできるような感覚になるひとも多いかもしれません。

しかし、22歳で働き始めた人が75歳まで働く時代には、50歳までに28年間働き、まだ残り25年間あります。最終コーナーだと思っていたそこは、まだコースのまんなか。色々なことを諦めて流して走るには、残りの距離は長すぎます。

キャリアの主導権を取り戻す

冒頭で「普通の公務員」という表現を使いました。

全国には280万人ほどの地方公務員がいます。大半の公務員は、卓越した成果やメディア等での露出、オンリーワンやナンバーワン、そういったこととは無縁です。求められる仕事に真面目に取り組む毎日。私も一介の係長にすぎず、これらのキーワードとは無縁の普通の公務員です。

私は、普通の公務員が普通の公務員のまま幸せになることが大切だと考えています。あまり論理的ではありませんが、普通の公務員のままでは幸せになれず、何か特別なことをして今とは異なる自分になることで初めて幸せになれる、そんな職業観ではなく、自然体のまま真面目に働けば幸せになれる職業観の方が健康的だと思うのです。

特筆するほど優秀なわけではなく、かと言って組織のお荷物というわけではない、まんなから辺にいる公務員。そんな私たちが「人生のまんなか」に差し掛かったとき、日々の仕事やプライベートの課題とどのように向き合えば、自分らしい人生を歩むことができるのか。そんなことを一緒に考えていきましょう。

本書で皆さんにお伝えしたい最も大切なメッセージは、「ミドル期では一度立ち止まり、組織軸から自分軸にキャリアの主導権を取り戻して、地方公務員として幸せになりましょう」ということです。ミドル公務員の皆さんにとって、本書が中年の危機と向き合い、キャリアの主導権を取り戻す支援となれば嬉しいです。

目　次

第1章

ミドル期に迎える変化と戸惑い

1　40歳代こそ「惑う」～中年の危機

皆さんは「四十にして惑わず」という論語の一節をどう思われますか。

世の中の40代は「四十にして惑わずなんて嘘っぱちだ。もう惑いっぱなしだよ」と口をそろえて言いますよね。私もその言葉には同感です。本書執筆時点で45歳の私は、仕事のこと、家族のことなど日々惑ってばかりです。

そんな惑いっぱなしの40代を中心としたミドル期の公務員が、仕事の面でもプライベートの面でも自分らしく生きていくのに何が必要となるでしょうか。

それについて考えるために読者の皆さんと共有しておきたいのが、「はじめに」でもご紹介した「中年の危機」というキーワードです。

「人生の正午」

心理学者のカール・G・ユングは、ひとの一生のうち40歳頃を指して「人生の正午」と呼びました。

学生時代には多くのことを学び、働き始めてからは仕事で様々なチャレンジをしたり、新しく家庭を築き子どもが生まれたり。多くのひとが30代までは新たなものを得て、生み出していく時期を過ごします。その様子は太陽が昇るかのような勢いです。

ところが40歳前後を境に様子が変わります。

それまではガムシャラに働いて結果を出してきたのに係長になった途端同じやり方が通用しなくなっ

たり、それまで波風の立たなかった家庭内が子どもの進学を機に生活リズムが変わって居心地が悪くなったりする。自分自身のことも、人生の「残り時間」が頭をよぎるようになって「このままでいいのだろうか」と思い悩むこともあるでしょう。

また、心理学者のダニエル・レビンソンは、ひとは40代に入ると「人生半ばの過渡期」に突入し、80％のひとが激しい葛藤を引き起こすと主張しました。この葛藤の中で、過去を見直し、生活構造を修正し、自分自身や外界との関係性を捉え直す「個性化」が必要になると述べています。

こうしたミドル期に迎える人生の曲がり角が、いわゆる発達心理学において「中年の危機」と呼ばれるものです。

キャリアの課題としての「中年の危機」の代表的な現れ方としては、次のようなものがあります。すなわち、仕事で役職に就いて役割の変化の中で苦労する、家族の変化（子どもの進学やパートナーとの関係性の変化等）により今までと同じライフスタイルが維持できなくなる、自分自身の体力の衰えや病気など身体の変化が顕著になる、などです。

私なりに要約すると、「人生の残り時間が気になり始めるとともに、仕事や家庭そして身体の変化に戸惑いや不安を感じながら、自分の存在意義や人生をかけて成し遂げることを再確認する時期。およびそこでの葛藤のこと」となります。

ミドル期の公務員

もちろん、公務員でも中年の危機は経験します。

特に地方公務員の場合、スタッフとしての〝下積み〟の期間が長く、40代でようやく係長になるような組織も少なくありません。40代で初めてマネジメントに取り組むことが求められ、役割の変化という困難に直面するひとが地方公務員には多いのではないでしょうか。世代間の違いを痛感するようになり、自分が育成される若手だった頃の上司のマネジメントの手法を参考にしようとしても、今の若手には同じやり方が通用せず困るといった声はよく聞きます。

一方でなかなか課長になれない、係長に昇任できないなど、組織内でのキャリアが頭打ちになったように感じるのもミドル期の特徴です。こういった状態は「キャリアプラトー」と呼ばれます。プラトー(plateau)は高原や台地という意味です。これ以上、登る道が見えない状態に至り、モチベーションが低下したり、自らの成長を諦めたりすることがあります。現時点で頭打ちではないとしても、自分が役職定年までにどのくらいの職位まで昇任できそうなのか、おおよそ見当がついてくるのもこの時期ではないでしょうか。

また、3~5年に一度人事異動があるとして、残りいくつの部署を経験できそうか、大体検討がついてくるのも40代です。係長になれば、もう係員として経験することのない部署があることにも気付きます。私の場合は、環境部門を振り出しに、内閣府、まちづくり(公有地活用)を経て、今は地方衛生研究所の総務企画係長として3年目になります。そんな私が突然、生活保護のケースワーカーになったり、区役所の窓口を担当したり、税や財政の部署で係員として勤めることはないでしょう。

中年の危機をきっかけに

そういうことに気付いてくると、この組織の中にいて残された時間で成し遂げられることはさほど多くないかもしれないと思えてきます。だからと言って今から独立したり民間企業に転職するのは簡単ではありませんし、そもそも独立や転職で解決するものでもありません。

そのような要素が重なりモチベーションを維持するのが困難になり、無気力な「組織にぶら下がる人材」になってしまうリスクがあるのが、この中年の危機の時期です。

変化の時期は、キャリアの節目でもあります。キャリアの節目は、自分が経験してきたこれまでの仕事について振り返ったり、自分なりの将来のイメージを思い描いたり、家族で各々の今後の人生について話し合ったりするチャンスです。葛藤を乗り越え、新しいステージでいきいきと生きるきっかけとして中年の危機を活用することもできるはずなのです。

本書をお読みの皆さんは、どうして本書を手に取ったのでしょうか。もしかしたら、仕事や家庭において、何らかのモヤモヤを感じているのかもしれませんね。そうだとしたら、そして、今のご自身の状況が中年の危機にあてはまるのであれば、本書でご紹介していることをひとつでも取り入れてみてください。

2　身体の変化とキャリア

身体の変化と仕事の変化

組織の中でこれからのキャリアパスが見えてくることによる葛藤や、自分のアイデンティティが揺らぐことによる戸惑いの影響は大きなものです。しかしながら、中年の危機において決して無視できないのが、身体機能の変化による影響です。

例えば、若い頃は激務の部署で毎日のように22時頃まで残業するのが当たり前で、そういう仕事のやり方で成果を出してきたひとも、40代になると多くの時間をかけて作業量の多さで課題を解決する「力技」は難しくなります。

50代になると、さらに身体が言うことを聞かなくなります。体力の低下以外にも、例えば病気になってしばらく職場を離れなければならないこともあるかもしれません。それでもミドル期の私たちが仕事を通じて組織や地域に貢献し続けるためには、仕事のやり方の見直しが必要になります。

例えば、後輩を育成してチームを強化したり、チームとして仕事を効率的に処理するために誰でも同じように業務をこなせるよう仕組み化を進めたりすることが考えられます。

若い頃であれば自らが作業の速度を高めたり、担当する業務の分野の知識を学んだりすることが大きな意味を持ちました。しかし私たちミドル期の公務員には、チームで成果を挙げるための知識や技術が必要になってきます。年代に応じて身に付けたり学ぶべきことも変わってくるのです。

もちろん、身体の変化に適応するための工夫の前に、体力や機能の低下を抑えるような取組が重要なのは言うまでもありません。本書でインタビューをした坂本勝敏さんの山登りや矢嶋直美さんの「野口体操」のように、楽しみながら体力づくりや機能維持につながる趣味があるといいですよね。私も45歳になる直前から食生活を見直し、ウォーキングを日課にしていて、この半年ほどで体重が7キロほど減りました。長く働き続けるためにも、継続させたい習慣です。

更年期障害

また、40代半ばになると、そろそろ更年期障害のことも考えなくてはいけなくなります。

女性の場合、閉経を迎える50歳前後の45歳～55歳くらいが更年期と呼ばれます。女性ホルモンは40歳頃から減少し始めると言われており、その影響で自律神経が乱れて急激な発汗や動悸、めまいなどが起こることがあります。その結果、日常生活に支障を来すこともあります。

また男性も同様にホルモンのバランスが崩れることで、イライラしたり、集中力が低下するなどの変化が現れることがあります。ただし、女性の場合と比べると本人に自覚がないケースもあり、医療機関や周囲へ相談することも多くないようです。

更年期障害の症状が重くなると、日常の仕事が困難になり、中には離職につながるケースもあります。このようなことは自然なことだからと、相談や治療をすることを諦めるのではなく、状況に応じて医療機関などのお世話になることも選択肢として持っておくとよいのではないでしょうか。

併せて、前述したような、チームで仕事をする体制づくりや仕事の仕組み化に取り組んでおけば、いざというときも安心して休める環境をつくることができます。

安心して休めるチームは、いざというときに回るチーム

ミドル期になると起こる、体力の低下や更年期など心身の変化に対応する方法のひとつとして、職場での対応としてはチームで仕事をする体制づくりや仕事の仕組み化を行うことが有効です。

ただ、このような対応は、ミドル期の職員がいるから有効なのではなく、本来はあらゆる職員にとって必要な環境です。

ミドル期であろうとなかろうと体調によって出勤できないことはありますし、出勤できない事情は本人の体調以外にも、家族の病気や親の介護、子どもの学校行事など様々なものがあります。

このように職員一人ひとりに、自分の状況に応じて休むことが必要な場合があるのです。

自分が休むとその事業が止まってしまう、もしくは誰かが余分に仕事を引き受けざるを得なくなることに対して、誰しも職場に迷惑をかけてしまうと感じることがあるはずです。そして、職場の人間関係によっては「誰かに迷惑をかけるくらいなら、自分や家族が我慢した方がいい」と考えることもあるかもしれません。そんなふうに「休みたい」と言い出しにくい職場では、仕事に対するモチベーションも組織に対するエンゲージメントも下がってしまいます。

逆に、いざというときは安心して休めるような、ほかのメンバーとの間の信頼関係が構築できていたり、ほかのメンバーに任せられるような仕組みが業務の中に整っていたらどうでしょうか。誰にとっても働きやすい職場になり、働くひとの職場に対する不満も小さくなり、結果としてモチベーションもエンゲージメントも高まって、チームとしての生産性も向上するはずです。

歳を重ねて身体の変化を感じるようになってきたからこそ、自分の働きやすさを考えながらも、すべての職員が働きやすいと感じる環境をつくることができるかもしれません。

3　家族との関係性の変化

パートナーの転職や病気、子どもの受験や親の介護など、ミドル期になると、家族の置かれた境遇の変化と向き合い、悩む機会は多くなります。そのときに仕事とプライベートを合わせたトータルの意味でのキャリアとどのように向き合うかが、問われることになります。家族の状況の変化も公務員のミドル期のキャリアに影響を及ぼす大きな要素です。

パートナーが転職したら

家族の状況が変わることそれ自体は必ずしも危機とはなりません。ただ、家族の状況が変わると、自分が考える以上に環境の変化や仕事に影響を及ぼすことがあり、キャリアにおいて転機になることがあります。例えば、これまで正社員（公務員であれば正規職員）の立場で働いていたパートナー（夫でも妻でも）が何らかの事情で転職をすることになった場合を考えてみましょう。今までは同じくらいのバランスで家事を分担していて、先に帰宅していた方が夕食をつくり、後から帰ってくるもう一方を待っていたかもしれません。しかし、転職によってパートナーの働き方が大きく変わり、平日は毎日帰宅が22時を過ぎるようになったとしましょう。そうなれば、あなたの家事の負担が重くなり、今までと同じペースで仕事に取り組むのが難しくなるかもしれません。子どもがいれば、その影響はさらに大きくなります。

子どもの学齢や利用できる制度（育休や時短勤務など）、職場との関係性にもよりますが、これは夫婦のうちの一方の離職につながりかねない場面です。自分自身のキャリアがパートナーの離職のうえに成り立つというのが、本当の意味ですこやかなキャリアと言えるのか、非常に悩ましい問題です。できれば、どちらのキャリアも諦めないような選択肢を見出したいところですよね。

子どもの変化

また、子どもがいる家庭に限定されますが、40代になると子どもとの関係性も変わってきます。何歳で子どもが生まれたかによって各家庭の状況は様々なので、ここでは我が家のケースを例としてご紹介しましょう。

我が家は私も妻も45歳で、中学3年生の長女と中学1年生の次女の二人の子どもがいます。私たちが30代のときは、私が官民連携のプロジェクトで多忙を極めたり、内閣府に派遣されて深夜に帰宅することが多かったこともあって、専業主婦だった妻が中心となり夫婦で子育てに取り組んできました。その後40代になって私の働き方が変わるのとほぼ同じ頃に長女が中学生になり、いわゆる「子育て」としての手間が少なくなりました。

中学生の長女と小学校高学年になっていた次女は、その頃から洗濯物の取り込みや布団の上げ下げなど家事に貢献できるようになりました。妻や私との関係性も親子の絶対的な上下関係というよりは、友達や仲間に近い対等な関係だと意識することが多くなってきたように感じます。

専業主婦だった妻は個人事業主として開業し、カフェでランチを提供したりオリジナルの焼き菓子などを製造・販売したりする仕事に取り組むようになりました。私は国家資格キャリアコンサルタントとして個人向けのキャリアコンサルティング（ボランティア）を始めたり、自治体向けの研修講師の機会を増やしています。意図したものではなくあくまで結果としてですが、子どもたちの成長に伴い私たち夫婦のキャリアも変化してきたのです。

これは私たち夫婦のひとつの例に過ぎませんが、子どもの成長がミドル期の私たちのキャリアに及ぼす影響は小さくありません。

子どもの成長が親のキャリアに及ぼす影響は、主に時間配分と役割、そして家計の変化です。

我が家の場合は、時間配分と役割の変化が私や妻のキャリアの変化に影響しました。家庭によっては子どもの就職により教育費の負担が小さくなって働き方を見直す機会になるなど、家計の変化による影響も考えられます。

親の介護の負担

家族の変化のうち、ミドル期の私たちのキャリアへの影響という観点で目をそらすことができないのが、親の介護の問題です。職場でも50代の管理職の先輩たちの中で、親の介護のために定期的に休みをとっているひとを何人も知っています。私は今のところまだ直接の当事者になっていませんが、ひとり暮らしの母親の診察に付き添うために仕事を休んで一緒に病院に行くことがあります。そんなときにはこの延長線上にある介護の問題とも向き合わなくてはいけなくなる日のことを思います。

親の介護のために仕事が続けられなくなる状況は「介護離職」と呼ばれ社会問題となっているので、聞いたことがあるひともいるのではないでしょうか。例えば、親の住む実家から離れて暮らしていて親の介護が必要になった場合、実家に定期的に通うために前述した私の職場の先輩たちのように休暇を取得して対応することもあります。しかし、距離が非常に離れていたり、介護の度合いが強い場合など同居や近居が必要であれば自分自身が転居しなければならず、今の職場に勤め続けられなくなる場合もあります。ミドル期となると仕事で中核的な役割を担っていたり管理監督職だったりすることから、離職することになれば、本人にとってはその組織で積み上げた経験や人脈を失うことになり、キャリアに大きく影響します。組織側にとっても、管理監督職など中核的な人材は代替が困難で、大きなダメージとなります。

厚生労働省は「育児・介護休業法」の特設サイト[*1]をつくって、労働者・事業主の双方に介護をしながら働き続ける方法やそのための環境整備について呼びかけています。地方公務員も介護休暇・介護休業の制度は整備されており、個別には各自治体の条例（「職員の勤務時間、休日及び休暇に関する条例」等）で定められているので、あらかじめ確認しておくことをおすすめします。

キャリアコンサルタントとして、親の介護とキャリアに関する悩みをお聴きすることがあります。そういった悩みに対応していると、頼れる先をいくつも用意しておくことの大切さを強く感じます。ひとりで抱え込むのではなく、パートナーや兄弟姉妹はもちろん、離れていても実家のある地域の社会資源（行政や事業所、支援団体等）などを積極的に頼ることで、親に対する想いも自分のキャリアも諦めない選択肢を選びやすくなるのではないでしょうか。

＊1　介護休業制度　特設サイト（厚生労働省）
https://www.mhlw.go.jp/seisakunitsuite/bunya/koyou_roudou/koyoukintou/ryouritsu/kaigo/

4　ミドル期以降のテーマの変化

新しい課題「ジェネラティビティ」

ミドル世代が迎える変化として、もうひとつ意識しておきたいことがあります。それはテーマの変化です。

ここでいうテーマとは、自分の人生において社会的意義を感じて強い関心を持てるようなことです。「アイデンティティ」という言葉の生みの親としても知られる心理学者のエリク・H・エリクソンは、ひとの発達段階を8つのステージに分けて説明しています。その中で、エリクソンは40～65歳の時期を「壮年期」と呼びました。「壮年期」のテーマは「ジェネラティビティ（generativity）」とされ、日本語としては「生殖性」と訳されることも多いです。しかしその内容は、子どもを遺すということに留まらず、自分の経験や知恵、資産を次世代に引き継いでいくことを指します。

30代までの人生は自らが学び成長し、家族を持ち、資産を増やすといった「手に入れる、増やす」ステージです。対して、40代からは手に入れてきたものをいかに次世代に継いでいくかにテーマが変化するのです。

これは職場で言えば、仕事を通じて成長しバリバリ働いて自分で成果を出すというテーマから、後進を育成したり自らの知見をマニュアル化して継承するというテーマへ、変化するということです。このようなテーマの変化に対応することに苦慮するのも中年の危機の一部であり、組織に勤める私たちにとってキャリア形成上の重要な課題となります。

私の場合、今思い出すとやはり40歳の手前から意識が変わった気がします。

当時の私は公有地活用の事業を先輩たちと3人で必死に進めていましたが、人事異動と体制の変化によって自分より若い後輩たちと一緒にその事業に取り組むようになりました。上司に相談しながら自分で仕事を進める立場から、後輩に仕事のことを教えたり、仕事の進め方などでサポートする立場になったのです。資料のつくり方を教えたり、プレゼンテーションの指導をしたりといった実践的なOJTに加えて、2章6節でご紹介している「1on1ミーティング」という1対1での面談で、本人の内省による成長を支援する手法も取り入れました。1on1ミーティングを重ねるごとに伸びていく後輩を見ながら、ひとを育成するということの手応えを感じられたのは、結果的に転機になりました。この経験があったからこそ、ジェネラティビティという課題と向き合うことができ、私の中で受け入れることができたのでしょう。自分で成果を出すのもいいのですが、私が知る様々な知恵や技術を伝えて、たくさんの後輩たちが若い頃の私以上に活躍してくれることに、大きな喜びを感じるようになったのです。

プレイヤーからマネジャーへ

また、1節でも述べましたが、地方公務員はスタッフとしての下積み期間が長く、私と同じように40歳を過ぎて初めて係長になることが珍しくありません。そのときに感じる困惑の中に、プレイヤーからマネジャーへの役割の変化に対する戸惑いが占める割合は、非常に大きいのではないでしょうか。

この発達段階のテーマの変化と組織内での役割の変化が重なり、ほかの要素とも相まって中年の危機という大きな波として迫ってくるのが、40歳前後から40代半ばの時期にあたります。

マネジメントには様々な手法が存在しますが、シンプルに考えると「業務のマネジメント」と「人材のマネジメント」のふたつからなります。業務のマネジメントでは、担当する事業などの進捗を管理したり、具体的に事業を進めるために必要な関係者との調整などに取り組みます。一方で人材のマネジメントは、チームのメンバーの心身の調子に気を配ったり、モチベーションの維持のための手を打ったりするのが仕事です。また、人材育成も人材のマネジメントの一部になります。

確かに大変ではありますが、人材育成については「ジェネラティビティ」と重なる課題です。組織の中で一所懸命にマネジメントに励むことはミドル世代としての発達段階と向き合うことにもつながります。

一方でジェネラティビティの課題は抱えながら、係長に昇任することなくスタッフのままでいる場合は、仕事の中でこの課題と向き合うには少し工夫が必要です。単なるプレイヤーとして自分の担当する仕事に邁進しているだけでは、仕事の中でジェネラティビティの課題を乗り越える機会は訪れないからです。

実は私が後輩と「1on1ミーティング」に取り組んだときは、まだ係長になる前でした。それでも、後輩の人材育成に役立つと思って、上司の許可を得て「1on1ミーティング」を始めたのです。ミドル期に差し掛かって、担当する業務で成果を出すだけの状態に違和感を覚えたり、後輩の育成に関心が高まったりした場合には、そろそろジェネラティビティと向き合う時期かもしれません。

外的キャリアから内的キャリアへ

もうひとつ、ミドル期に訪れるキャリアに対する意識の変化についてお伝えします。

パーソル総合研究所が実施した「働く1万人成長実態調査2017」によれば、42・5歳を境目に

「出世したいと思わない」という回答が「出世したい」を上回り、45・5歳で「キャリアの終わり」を意識しているひとの割合が意識していないひとの割合を逆転します。この調査は民間企業の社員が対象ですが、地方公務員も40代になると同世代の中での職位の上がり方や自分の経歴などから、定年退職(今後は役職定年ですが)までにどの程度のポストまで昇進できそうか、何となく見当がついたりしますよね。いわゆる「先が見える」という感覚ですが、同時に「そうであれば頑張ったところで……」という ある種の虚しさを感じることがあります。これは外的キャリアという役職や実績など事実として積み上がる側面だけに目を向けることで、先が見えてしまったときにモチベーションが保てなくなる状態です。

キャリアには外的キャリアに対して、内的キャリアという側面もあります。内的キャリアは、価値観や想いなど自分の内側に築かれるものです。ミドル期以降は、外的キャリアを追い求めることに限界が訪れることから、組織の評価や実績のために頑張ることが、自分にとって引き続き価値があることなのか見つめ直す必要があります。もし外的キャリアの追求を手放せるのであれば、内的キャリア、つまり自分が仕事の中で大切にしたいことや喜びを感じる業務などを優先する働き方へ転換するタイミングです。外的キャリアから内的キャリアへと意識の軸足を移すことで、モチベーションを保ち、腐らずいきいきと仕事と向き合うことが、ミドル期以降のすこやかなキャリアにつながるのです。

5 ひとは死ぬまで成長できる

「仕事は大変だけど、その分だけ成長できているな」。

皆さんは最後にそんなふうに感じた日のことを憶えていますか。それは何年前のことでしょうか。40代、50代になったらもう「成長」などという言葉とは無縁だと感じているでしょうか。それともごく最近も、そんなふうに感じることができているでしょうか。

ミドル期になっても私たちは成長することを諦める必要はありません。この節では「ひとは死ぬまで成長できる」ということをお伝えします。

80歳でプログラミングを習得

私が20代の頃にお世話になった上司を見ていると、ひとは何歳になっても成長できるんだなと強く感じます。そのひとは、私が入職してから5年ほどで定年を迎え、再任用としてさらに数年働いた後に、役所の仕事からは引退しました。

元々走ることが好きで同年代の中ではトップクラスの市民ランナーだったのですが、彼のすごいところは単に競技者として長く走り続けていることだけではありません。同じように走ることが好きな友人を海外にもつくって東南アジアなどの大会に遠征したり、障がい者スポーツをサポートする活動に取り組んだりと、その世界を広げ続けているところが、彼の敬服すべきところです。

一見すると、趣味にハマっているだけのように思えるかもしれません。しかし、還暦を過ぎて海外の大会に出たり、それまで縁のなかった障がい者支援に取り組み始めたりすることは、当然新しく学ぶこともあるでしょうし、それらの経験を経て価値観の変化などもあったのではないでしょうか。

それは紛れもなくひととしての成長ですよね。

私たちがよく知るところでも、例えば世界最高齢のプログラマーとして政府の「人生100年時代構想会議」の議員も務めた若宮正子さんは、81歳でiPhoneアプリ「hinadan」を開発したことで知られています。彼女が未経験だったアプリ開発について学んだのは80歳のときでした。

そして、アプリ開発の知識を得るに留まらず、Apple社CEOから会議に招かれたり、国連の委員会で講演をしたり、政府の会議の委員を務めたりしています。その中で、恐らくは様々な出会いがあり新しい経験を得て、考え方や価値観など内面的な変化にもつながったはずです。

生涯にわたり成長し続ける

前述した私の元上司、そして世界最高齢プログラマーの若宮正子さんの例を見ると、まだ40代の私が、はるかに高齢である彼らのように成長を続けられているのか心配になります。ミドル期の私たちは20代、30代の頃と比べて、特に職場において、新しい知識をどんどん吸収したり、日々の経験によって大きく価値観が変わったりするようなことは少なくなってきました。それでも当然、私たちは、所属する組織やこの業界のあらゆることに通暁しているわけではありません。職位が変わったり人事異動で仕事が変わったりするたびに新しい知識に触れますし、新しく接することになったステークホルダーによって自分の考え方に少なからず影響を受けています。

私は42歳のときに地方衛生研究所の総務企画係長という職で初めて係長になりました。総務企画係長の重要な業務のひとつに施設の管理があります。それまで無縁だった電気設備の管理や修繕などに関わることになったので、建物の設備の図面を見たり修繕の発注方法について調べたりする必要があり、日々勉強です。正直に言って、3年目となった今でも苦手意識は消えていませんが、係員や事業者の助けによって大きなトラブルにならずに何とか務められるまでになりました。

人材開発・組織開発を専門とする中原淳教授（立教大学）は「成人における学習とは、業務や研修などの経験を振り返り、自分や自分の周囲を変えていくプロセス」「様々な機会で得た経験を内省して、少しでも次の機会に生かしていく。それが大人の成長」（『ヤフーとその仲間たちのすごい研修』篠原匡、日経ＢＰ）と述べています。これは「経験学習」というデイビッド・Ａ・コルブが提唱した理論を土台にした大人の成長観だと私は理解しています。経験学習では、「経験したことを振り返って内省し抽象化して、知恵として次の経験に活かすというサイクルを回すことで経験から学ぶ」メカニズムを説明しています。まさに仕事の経験を通じた成長を的確に説明する理論です。この理論によれば、経験を振り返り、次の機会に活かしていくことで年齢問わず成長していくことが可能です。私たちミドル世代も、日々の仕事の経験を振り返り、次の仕事に活かすことでまだまだ成長することはできるのです。

40代になると自分が成長するというよりは、後輩や部下の成長のために指導するという意識が強くなりがちですが、私たち自身もまだまだ経験の中から学び続けることができます。中年の危機は大変な時期ですが、残りの人生の中で死ぬまで成長できるんだと思ったらワクワクしませんか。そのワクワクする気持ちは、中年の危機を乗り越えて自分らしいキャリアを築いていく際の支えになってくれるはずです。

6 次のステージはどこ?

危機はチャンス

40代になって「中年の危機」と向き合うこの時期。体力の低下や体調不良など身体の変化も気になってきて、子どもの進学など家族の状況の変化とともに求められる役割も変化します。その中で、ジェネラティビティという新しい課題や自らの内的キャリアと向き合ったり、自分自身の状況が大きく変わる人生の過渡期に差し掛かります。

中年の危機と呼ぶとおり、確かにこれらの変化とどう向き合っていくかは大きな葛藤を伴いますし、精神面だけではなく、現実の暮らしの中で具体的に対処しなくてはならない事態も山積します。公私ともにすごく大変な時期であることは間違いありません。

でも、この時期は、私たちミドル期の世代がこれからの生き方を真剣に考える、非常に大きなチャンスでもあります。

考えてみてください。これまでも大きな変化に見舞われたとき、例えば結婚したり子どもが生まれたとき、人事異動によって働き方が変わったとき、大きな病気をしたときなどに、自らの生き方について真剣に考えたのではないでしょうか。それが嬉しい出来事であれ、辛い出来事であれ、大きな変化にさらされたときにひとは立ち止まり、将来のことを考えます。

キャリアコンサルタントとして私は、「節目こそキャリアデザインのタイミング」とお伝えしています。節目とは暮らしや働き方が変化する転機のことで、キャリアデザインは端的に言えば「これまでの人生を振り返り、これからの人生のことを考え、小さくても最初の一歩を踏み出す」という作業のことです。中年の危機は、まさに自らのキャリアデザインに取り組む絶好のタイミングなのです。

いつでも辞められる人材

私は今、45歳です。実は私には「45歳までに辞められる人材になる」という目標がありました。辞められる人材というのは、「いつでも今の組織を辞めてほかの仕事で食べていくことができるけれど、今は自らの意志で選んでこの組織で働いている」という状態の人材です。

辞められなくて続けているのではなく、自分の意志で選んでいれば腐ることなく前向きに仕事と向き合えます。上司や組織に好ましく思われることよりも、自分が大切だと思うことを守れます。あまり我を通し過ぎると別の意味で居心地が悪くなるのでさじ加減に注意が必要ですが。それは昨今、よく聞くようになった「キャリア自律」を実現するひとつの形です。

私の場合、40歳頃から「辞められる人材になる」ことを意識して、仕事でしっかりと成果を出すことに加えて、公務員を辞めても食べていくにはどうしたらいいかを考えるようになりました。そのための行動がキャリアコンサルタントの国家資格を取得することであったり、営利企業等従事の許可を得ながら有償で研修の講師を務めることだったりします。

45歳になった今、本当に辞められる人材になることができたのか実は少々心もとないのですが、キャリアコンサルタントとして活動する中で、職場の外にも私のことを必要としてくれるひとがいることを日々感じることができています。安っぽい自信かもしれませんが、世の中で必要とされる人材となることができているのであれば何とか家族と食べていくくらいはできるのではないか、と考えられるようになりました。この変化も、私が40代に突入し、中年の危機の中でもがき苦しんだからこそ到達することができた「中年の危機の果実」です。

キャリアの主導権を自分の手に取り戻す

ここで本書で最も重要なメッセージであり、本書の議論の枢要部分に触れておきましょう。

ミドル期は大きな変化にさらされる時期だということ、そしてその変化の中で葛藤を感じたり迷いを抱えたりといった「中年の危機」の大変さについて、この章を通じてお伝えしてきました。

しかし、この時期はただ大変なだけではなくて、これを乗り越える中で得られる大きな成果がります。それは「公務員として組織を軸につくり込んできたキャリアを、自分軸へと取り戻す」ことです。

本書を手に取ってくださった皆さんは、目の前の仕事に対してその都度自分なりに工夫を重ねて、仕事の中に自分の価値観を反映させながら取り組んできたひとが多いのではないでしょうか。

それでも、人事異動で思ってもみないような事業を担当することになったり、首長の交代で担当していた事業の方針が180度変わったりと、組織の都合でキャリアを左右されてきた感覚が少なからずあるはずです。これまでは組織に主導権があった私たち自身のキャリア形成を、40代、50代となった今、自分軸へと取り戻しましょう。

そのためには、仕事との向き合い方を変えていく必要があります。それにキャリアとは、職業人生だけではなくそのひとの歩む人生の経緯全体の物語です。家族をはじめとした人間関係も、見直す部分があるかもしれません。地域など社会との関わり方の面でもできることがあるはずです。

決してナンバーワンのヒーローになる必要はありません。ミドル世代特有のモヤモヤを一つひとつ乗り越えながら、周囲の様々なことを調整し、環境や関係を整えて、自分にしかつくれない自分軸のキャリアを築いていきましょう。

2章以降では「仕事」「人間関係」「地域・社会」の軸で、「ミドル期特有の困りごと」との向き合い方を一緒に考えたり、知っていただきたい考え方などをお伝えしていきます。

《インタビュー①》

山に登って見えてきたこと～坂本勝敏さん

インタビューひとり目は、神奈川県大和市職員の坂本勝敏さん（49歳）からお話をお聴きしました。

《プロフィール》さかもと・かつとし
大卒後民間企業を経て、1999年神奈川県大和市入庁。財政課、障害福祉課、病院経営戦略室等を経て、2024年4月からすくすく子育て課長。有志活動として、K33ネットワークに所属、関東自主研サミット実行委員会を運営。

この病院を維持することは地域の医療を守ること

――坂本さんは、これまでどんなお仕事を経験してこられたのでしょうか。

1年ほど民間企業に勤めた後、大和市に入職しました。市役所で最初の配属が財政課だったのは驚きましたが、その後は障害福祉課、教育総務課、すくすく子育て課、市立病院経営戦略室に異動。課長昇任を機に、再びすくすく子育て課に課長として戻りました。

すくすく子育て課は、以前配属されたときは児童虐待を担当して大変な現場もありましたが、子どもの命を守るという重くも非常に大切な仕事でやりがいも感じていました。それが急に市立病院の経営戦略室に異動に

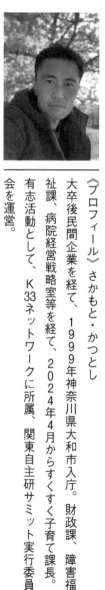

なり、当時厳しい状況にあった市立病院の経営を立て直す業務を担当しました。この仕事は最初の1年間は、毎晩21時頃まで残業が続く中、朝も5時台の電車で出勤しないとならない日もたびたびあって本当に大変でした。

―「このままでいいのかな」といったキャリアの迷い・葛藤を感じたことはありますか。

何回かあるのですが、40代前半の頃、当時は組織として徹底的なトップダウンの経営方針にあり、それに対して自分は息苦しさを感じていたことから、転職を考えることもありました。ただ、そんなとき公務員仲間と食事をしていて、別の自治体の先輩から「一般的に、市町村は10年程度で組織風土は変わるもの」と助言をいただいたのです。そのときはそうかも知れないと思って転職活動を本気に取り組みませんでした。しかし、その後15年以上組織風土が変わることがなかったため、当時もっと本気で転職活動をしていればよかったと思うこともあります。結局、他人の言葉で自分の選択を決めるのではなくて、自分で道を切り拓かないといけないということなんだと学びました。

その次は市立病院の経営戦略室に異動して最初の頃です。色々と思うところもあって、このときは結構本気で転職を検討していました。

―「思うところ」ですか。

病院の仕事は自分に合うだろうとは思っていたんです。実際、組織の風通しをよくしたり経営の数字も改善できたり一定の成果は出せました。ただ、異動したときはかなり厳しい状況だったので、組織に対して「こんなに厳しくなる前に自分を送り込んでくれればよかったのに」と思ったのが正直なところです。

それでも、病院の経営に携わる中で地域におけるこの病院の価値が理解できましたし、その医療機能がなくなったら大変だというのも肌で感じました。この病院を維持することは地域の医療を底上げしてきた市立病院という財産を守ることだと。「未来に向けてこの医療機能を維持発展させるんだ」と使命感を持って取り組むことができました。

最初は「筋肉痛の実験」

—坂本さんのSNSを拝見していると、かなりの頻度で山登りに行ってますよね。

月に2回くらいでしょうか。

—山登りにはいつ頃から行くようになったのですか。

2021年の夏です。新型コロナウイルス感染症の感染拡大の影響で土日の外出機会が減っていた頃です。以前、丹沢の大山に登って酷い筋肉痛になったことがあるんですが、続けて登ったら筋肉痛にならないらしい、というのを聞いて試したのが最初です。2週続けて山登りに出かけたら楽しくて。最初はそんな実験気分でしたが、「なんかいいな」と思って定期的に行くようになりました。

—これまで最も素晴らしいと感じたのは、どんな季節にどの山に登ったときでしょうか。

地元の丹沢が大好きで、山深い丹沢は場所によっても季節によってもそれぞれの魅力があって、新緑や紅葉の季節に歩くのは気持ちよいし、また降雪後も最高です。紅葉し始めの谷川岳や夏の富士山もよかったです。おすすめです。

—お気に入りのコースはあるのですか。

基本的に近場の丹沢が多いです。丹沢は山塊と言われるほど広く、深いのですが、それでもこの3年弱の期間で、一般的なルートは概ね歩いてきたかなというところです。丹沢には初心者から上級者まで楽しめる様々なコースがあって、中には所要時間が10時間を越えるようなコースもあります。ただ私の場合、山登りに行った日でも帰宅して家事をすることにしているので、コースを選ぶ際には家事をする体力を残すことや翌日の仕事のことも考えています。富士山に登った後も、帰宅してから夕飯をつくったりして、遊んでるだけじゃないところを家族に見せるようにしています。日によっては谷川岳まで足を伸ばしたり、山梨にある「日本の100名山」の山を1日でふたつ登ったりしたこともあります。

―山登りにはひとりで行くのですか。

ほとんどひとりで行きますが、友人と行くこともあります。実は、家族はひとりで山登りに行くようになったことを少し心配しているようです。山にひとりで行くと危ないんじゃないかと思っているので。「丹沢だから大丈夫。そんなにヤバいところには行っていないよ」と説明するのですが。

―山登りをするようになって、何か変化はありますか。

まず身体の変化でしょうか。沢山食べても太りづらい体になりました。有酸素運動で普段燃やしていない脂肪が燃えているのだと思います。心拍数を160以下に抑えて長い時間歩くといいみたいですよ。

そして実は、身体以上にメンタル面の変化が大きいと感じています。本当にメンタル面での充実はほかでは得られないものです。特にひとりで登っているときにメンタルの回復をすごく感じます。5〜6時間ひとと話さず歩き続けることってあまりありませんよね。自然の中で色々考えたり、逆に頭が空っぽになったり。素晴らしい景色に出会えたときには「すげー」と素直に声を上げたりして。登山によって幸せな気分になれて「こんなに幸せを感じているんだから、明日からも頑張ろう！」と仕事にも前向きになれます。

「こうやって定年まで市役所で働いていくのもいいのかもな」

―登山以外にも趣味はありますか。それらと比べて山登りは特別なのでしょうか。

そうですね。以前は小説を読んだり、映画を観たりといった趣味もありましたが、今はあちこちの美味しいラーメンを食べ歩くのとYouTubeを観るのと、あとは山登りですね。その中でも山登りは特別だと思います。心身ともに救われるのは登山だけですね。

―私（島田）は趣味らしい趣味がないのですが、どうしたら素敵な趣味が見つかるでしょうか。

それはぜひ山に登ってみてください。単調なコースよりも色々な見どころがあるコースの方が楽しいですよ。川を越えたり、鎖場があったり、景色がよかったり。あとは、ひとがあまりいないこと。

―山登りの趣味を始めて、仕事にいい影響などありますか。

身体が健康になることとメンタル面で前向きになるのは先ほど話したとおりです。あと、登りながら考えごとをしているとアイデアが湧くんですよね。「これどうしようかな……」と考えながら歩いていて閃くことがあります。市立病院の会議の中でよくワークを取り入れていたのですが、どんなワークを入れたらそのときのテーマを会議の出席者が自分ごとにして考えてくれるかとか、参加者が積極的にアイデアを出してくれるかといったことを考えながら歩いていて、実際に閃いたワークを活用したこともあります。あとは、トラブルが起きているときに「どこから押さえた方がいいかな～」と考えながら歩いて、思いついたことをスマホにメモして帰り、翌日出勤してすぐに行動したりしたこともあります。

―何歳まで山登りを続けたいですか。

90歳です。以前、箱根の山を登っているときにカラフルなコロンビアの登山靴を履いて降りてきた年配の女性がいたんです。出で立ちがあまりにカッコいいので思わず「すごくお元気ですね、おいくつですか？」と訊ねたら、90歳だとおっしゃるので驚いたんです。そのご婦人のようになりたいなと思っていて。歳をとって丹沢が厳しくなれば鎌倉山とか、登る山を選べば長く楽しめるのも山登りのいいところです。

―以前「山登りをするようになって、こうやって定年まで市役所で働いていくのもいいのかもな、と思えるようになった」とおっしゃっていましたが、今もそう思っていますか。

思っています。手を抜きながら仕事をして組織にぶら下がるつもりはまったくありませんが、月に2回くらい山に登れる環境が保証されるなら、今の職場に勤め続けてもいいと思えるようになりました。定年退職となる65歳までのキャリアだけを考えれば、このように今の組織に居続けてもいいかなと考えられるようになったことはいいことかなと思います。

―同世代の皆さんに、趣味として山登りをおすすめしますか。

これは本当におすすめします。ミドル期になると都会の人工的なものよりも自然のものが好きになっていくような気がするのですが、どうでしょう。山登りに限らなくてもいいと思いますが、自然と接する機会は増やしてもいいのではないでしょうか。

第2章

残り時間と自分の価値観を意識して働く

1 同期と比べて昇任が遅れている気がする

1章では中年の危機を中心にミドル期の様々な課題についてお伝えしました。2章からはより具体的なミドル期の課題や困りごとに、どのように向き合っていくか考えていきます。

私はまだ主査なのに……

「同期のあのひとが係長になったらしい。自分はまだ主査なのに……」。

自治体にもよりますが早ければ30代半ばから、遅くとも40代半ばまでに、同じ頃に入職した世代の中で昇任の状況に差が付き始めます。先を行く方は案外と気に留めておらず、遅れている側が気にしていることが多い気がするのですが、いかがでしょうか？　もしかしたら顔に出さないだけで、先に昇任した側が「イヒヒ、もしかして私みんなより早く出世してる？」なんて思っているかもしれませんが。

30歳になる頃までは一緒になって課長や係長の悪口を言ったり、希望のかなわない人事異動に文句を言ったりしていたのに、係長になった途端「そうは言っても、組織だからさ、色々あるんだよ」なんて分かったようなことを言うようになった同期にモヤモヤしたり。

「自分だって特別に仕事ができないわけではないのに、どうして後れをとるのか分からない」。「昇進する順番は基準が明確ではなく、ある意味『ブラックボックス』なのも、このモヤモヤに拍車をかけている気がする」。「ボーっとしていると、同期どころか後輩にも追い越されるんじゃないかと焦りも感じる」――。

しょうか。

「昇任」のタイミングに対して、そんなふうに感じる自治体職員の皆さんは少なくないのではないでしょうか。

係長になれるのは「係長になる準備ができているひと」

自分の昇任が遅れているかもしれないと不安になる皆さんのことを、私は同じ地方公務員として頼もしいなと感じます。

パーソル総合研究所の調査によると、働いているひとのうち、管理職になりたいひとは約2割しかいません。地方自治体においても昇任を忌避する職員の存在は頭の痛い問題であり、特別区の調査などでは有資格者に占める昇任試験の受験者数の割合が低下傾向にあります。中には、課長や係長になりたくなくて昇任試験を受けないひともいると聞きます。そのような中、昇任しない状況に対してモヤモヤして不安を感じる皆さんは、早く昇任することを望む貴重な人材です。

では、昇任が遅れていることにモヤモヤし自分の将来に不安を感じたら、どうしたらいいのでしょうか。

そんなあなたに、私は「プレ・マネジャー」となることをおすすめします。

プレ・マネジャーとは、係長の手前で係長の真似ごとをすることです。係長として取り組む「業務のマネジメント」と「人材のマネジメント」に、係長になる前から取り組むのです。

1章で、中年の危機において直面するジェネラティビティという課題についてお伝えしました。ミドル期になると「次世代を育むこと」に対する関心が強くなり、その課題を達成することでもう一段階成長できると考えられています。業務のマネジメントは係長手前の40代なら自分の担当業務で日常的に取り組んでいるはずですから、それに加えて人材のマネジメントとして自分の後継者を育てるような気持ちで、じっくり「育成という仕事」に取り組んでみてください。

ポイントは、一緒に仕事をしていて結果的に後輩も仕事を覚える、ということに留まらず、対象となる後輩の成長につながることに意図して取り組むことです。例えば、ひとは楽にできる課題に取り組んでいるとき（コンフォートゾーン）よりも、背伸びしてギリギリクリアできる課題に挑戦するとき（ストレッチゾーン）の方が成長すると言われています。その後輩にとってどんな仕事がストレッチゾーンになるかを考えて、任せる仕事の内容や任せ方を決めることが、人材育成を意図した関わり方です。私が係長になる前に取り組んでいたような、「1 on 1ミーティング」を取り入れて後輩の成長を支援してみるのもいいかもしれません。

「金を残して死ぬ者は下だ。仕事を残して死ぬ者は中だ。ひとを残して死ぬ者は上だ」。

後藤新平が残したと言われる言葉ですが、私たち公務員に照らして言えば、行財政改革などでコストカットしたり国からの交付金を獲得するよりも、はたまた重要なプロジェクトを立ち上げるよりも、市民や地域のために働ける人材を育てることの方が尊い業績だと捉えることができるのではないでしょうか。そしてそれは、係長や課長に昇任しなくてもできることですよね。

もうひとつ付け加えると、人材育成に意識的に取り組むプレ・マネジャーをおすすめするのは、それが私たちミドル期の職員にとってやりがいが感じられて、組織にとっても価値があるからだけではありません。係長になれるのは「係長になる準備ができているひと」だから、プレ・マネジャーになることをおすすめするのです。

昇任が遅れていることが気になる、つまりは早く昇任したいのなら、「私には係長が務まるんだ」と周囲に示すことは意味があります。人事も幹部も馬鹿ではありません。新しく誰を係長にするかを考えるときに、わざわざ係長が務まるかどうか不安な職員を選びたいとは思いません。係長が務まると分かっている職員がいれば、その職員を優先して係長に昇任させたいと考えるはずです。

もし係長への昇任を望むのであれば、業務のマネジメントに加えて人材のマネジメント、特に人材育成に取り組むことで、係長が務まることを周囲に示してみてください。

他人との比較よりも自分の満足

ここまでは昇任が遅れている気がするという不安に対して、係長になる前からできることであり、かつ係長への昇任につながるかもしれない働き方として、人材育成に取り組むことをご提案してきました。

ただここでもう一度、冒頭の「同期のあのひとが係長になったらしい。自分はまだ主査なのに……」という呟きに立ち戻りたいと思います。

この「なのに……」という気持ちは、一体どこから来るのでしょうか。

「あのひと」と自分を比較して、「私もそれなりに頑張っているのに評価されていない」とか、「あのひとは運がよかったから」などと感じてモヤモヤしているのでしょうか。

しかし、考えてみてください。仮にあのひとが先に昇任していなかったとしても、やはり同期の誰かが自分より早く昇任しているはずです。自分より早く昇任する同期がいないのは最も早く昇任した最初のひとりだけで、残りのすべての同期は必ず自分より誰かが早く昇任しています。ほかの同期と昇任の早さを比べるよりも、どうせなら自分が自分のことを認めてあげられるような働き方ができているかどうか、つまりは自分が目指す働き方と実際の働き方を比べてみてはいかがでしょうか。

1章でジェネラティビティと並ぶもうひとつの変化として、「外的キャリアを意識した働き方」から「内的キャリアを大切にする働き方」への転換についてお伝えしました。昇任の早い遅いというのはまさに外的キャリアの典型です。一方で「自分が自分のことを認めてあげられるような働き方」とは、自分の価値観に従う、つまりは内的キャリアを意識した働き方です。上司やたくさんのひとが認めてくれるような仕事は誇らしく、実際に評価されれば嬉しいものです。しかし、私たちミドル世代は、そろそろそういった他者の評価から自由になってもいいのです。

前述した人材育成について言えば、それまでひとりで資料がつくれなかった後輩が自分でつくった資料で課長に説明できるようになったら、指導した自分のことを認めてあげてもいいですよね。住民対応でしっかり話を聴くようにしようと心がけているのなら、時間はかかってもじっくりと耳を傾けて主訴を理解できた自分のことを認めてあげたらいいのです。

そうやって仕事の中で大切にしていることを、ちゃんと実践することができたときの自分を認めてあげること。それこそが外的キャリアから内的キャリアに軸足を移した働き方であり、それは同時に組織や他者の軸から自分の軸へと仕事を取り戻す、最初の一歩となるのではないでしょうか。

組織や上司が求める仕事に精いっぱい取り組んできた若手時代を経て、ミドル期に入った私たち。そろそろ仕事で何を大切にするのかという仕事の評価軸を自分の手に取り戻し、自分らしい働き方へと舵を切ってもいい頃合いです。

2 そろそろ管理職になるかもしれなくて不安

周りと比べて昇任が遅れているかもしれないとモヤモヤするひとがいる一方で、昇任したくないのに昇任してしまうかもしれないと不安に感じるひともいます。前節でも触れましたが、管理職にならないように昇任試験を受けないというひともいるようですし、民間企業でも管理職になりたくないと考えるひとは一定程度いることが調査で明らかになっています*1。

私自身はまだ係長で管理職の経験はありませんが、ここでは予習のつもりで、管理職になるということについて皆さんと一緒に考えてみたいと思います。

管理職の大変さとは

ご自身が管理職ではない皆さんから見て、管理職のどんなところが大変そうに見えるでしょうか。議会の常任委員会で議員の厳しい質問にしどろもどろで答弁する様子でしょうか。業務分担に納得いかない職員から突き上げられて、課内を説得して回る場面でしょうか。首長から無茶ぶりされた事業の進捗が思わしくなくて、部下の代わりに深夜まで働くところでしょうか。自分の手で直接仕事を進めるのが好きであれば、そもそもマネジメントが中心となる役割が我慢できないかもしれません。また、残業代がもらえなくなり、職位は上がったのに手取りの給与が減ってしまうケースもあったりします。

私が何人もの管理職経験者から話を聞いて印象的だったのは、「孤独」です。管理職の席は各係やグループの机が並ぶ「島」から離れて置かれることが多く、自分だけが離れた場所に座っている感覚になること。加えて物理的な距離だけではなく、課長になると同じ立場で一緒に考えてくれるひとが課内におらず、多くの場面で自分ひとりで最終的な決断をしなくてはいけなくなること。課長と課員の関係性は課員同士のそれとは異なり、どうしても課員との間に境目があるのを感じてしまうこと。

このように課長は、どんなに課員が慕ってくれたとしても、課の中で孤独になるもの。先輩たちから話を聞きながら、実際の職場で仕えてきた様々な課長を思い出して「なるほど」と思ったものです。

このように大変な管理職となることを「割に合わない」と感じるひとが少なくないようです。

管理職は大変なだけ?

では、管理職というのは大変なだけで本当に割に合わない職位なのでしょうか。

この節の冒頭で紹介した調査では、若手社員よりも管理職のミドル社員の方が会社に対する満足度が高く、仕事を通じた幸せを実感しているという結果が出ています。民間の結果をそのまま地方公務員にあてはめられるか、やや疑問はありますが、さいたま市の行財政シンカ推進会議(市のウェルビーイング経営確立のために設置された会議)で紹介されている職員アンケートの結果では、「働きがいを感じている職員」の割合が、局長・部長級で88・2%、次長・課長級で79・4%であるのに対して、係長級・課長補佐級が70・3%、主任級に至っては64・9%と10~20ポイントほど低くなっています[*2]。

パーソル総合研究所の調査結果報告でも示唆されていますが、これらの結果からは、若手・中堅は「大変そうだ」という印象から管理職を忌避する一方で、管理職の側は確かに大変ではあるものの仕事の中でやりがいを感じているという構図が見てとれます。実際に、管理職になった先輩からも、「昇任する前は不安だったけれど、管理職になると見える景色が変わる」ですとか、「管理職になって、ようやく自分がやりたいようにできる」といった話をよく聞きます。

ひとには現状維持バイアスという心の機能があります。現状維持バイアスは、変化や未知のものを避けて現状を維持したいと望み、行動や認知に影響を及ぼします。もしかしたら管理職になりたくないという気持ちの中には、未知のものや変化に対する不安が影響しているのかもしれません。もしくは、やりがいを感じられる部分について理解されないまま、管理職の大変な面ばかりが伝わっているのかもしれません。管理職になることに不安を感じるひとは親しい先輩でも職場の上司でもいいので、一度管理職の大変さとやりがいについて直接訊ねてみてはいかがでしょうか。大変さの中身を具体的に知ることができたら、案外不安が小さくなるかもしれません。

管理職でも自分らしさを

ここまで管理職になりたくないというひとに向けて、管理職の大変さとともに本当に大変なだけなのかお伝えしてきました。でも、そもそも管理職になると言っても、決まった管理職の「型」にハマらなければならないわけではありません。

管理職だってそれぞれの個性やスタイルがあっていいはずです。

管理職の主な役割には、職員を組織の目的に向かって引っ張っていくリーダーとしての役割、業務やひとを管理するマネジャーとしての役割、そして職員を育成する指導者の役割などが挙げられます。皆さんは自分が管理職になるとしたら、どの役割を重視するでしょうか。私は恐らく、指導者の面が強く、その次にマネジャーの面を併せ持ち、リーダーとしての役割は控えめになりそうです。

またリーダーにも様々なタイプがあり、最近は引っ張っていくリーダーだけではなく、サーバントリーダーシップというスタッフを支援するタイプのリーダー像も知られるようになりました。サーバントリーダーなら、マッチョなリーダーには尻込みする私もチャレンジしてみたいと思えます。

実際に、プラント建設大手の日揮ホールディングスでは、ビジョンのためのリーダーに徹する部長に加え、プロジェクトの管理を専門とする部長、人材育成を担当する部長の「3人の部長」体制をとっています[*3]。従来、ひとりの部長がこれら3つの役割を担っていたところ負担が大きく、3人で分担することになったのです。

民間企業の部長職と単純に比較することはできませんが、自治体の課長にもその質や量に違いこそあれ、これら3つの役割が課せられているのは間違いありません。ひとにはそれぞれ得手不得手や好きな役割、苦手な役割があります。すべての役割を完璧にこなせるひとなんていません。そうであれば、自分がどの役割であればやりがいを感じられるのかを自覚したうえで、管理職になったときには自分らしい管理職像を探求してみてもいいのではないでしょうか。

もしかしたら案外と管理職を楽しむことができて、成果にもつながるかもしれませんよ。

＊1　https://rc.persol-group.co.jp/thinktank/spe/pgstop/pgs/（「働く10，000人の就業・成長定点調査2024」パーソル総合研究所）

＊2　https://www.city.saitama.jp/006/008/002/012/004/004/p085445.html（「令和5年度職員の働きがいや職場環境等に関するアンケート結果の概要」（令和5年度第1回さいたま市行財政シンカ推進会議資料）

＊3　https://www.nikkei.com/article/DGXZQOUC27AZO0X20C23A9000000/（「日揮、3人で分ける『部長職』　高まる管理職負担にメス」（日本経済新聞オンライン2023年10月26日）

3 この歳で未経験の業務を命じられて不安

皆さんは、入職してから今までどんな部署を経験してきましたか。福祉、戸籍、まちづくり、環境、経済、教育……40～50代になると、これまでに経験してきた部署は少ないひとでも5～6、多いひとでは10を大きく超えるかもしれません。

私は本書執筆時点で入職19年目ですが、環境（公害）→環境（エネルギー）→内閣府（地方創生）→公有地活用→給付金（兼務）→保健衛生と6か所目です。

この、まるで転職でもするかのような人事異動による幅広い業務経験は、地方公務員ならではの特徴です。このような人事異動の中で、ミドル期になって初めて経験する分野の部署に異動することになり不安を覚えるケースは、キャリアコンサルティングの中でもたびたびお聞きすることがあります。

歳を重ねてからの「初めての業務」が不安なわけ

どんなに年次と年齢を重ねても、初めての業務に就くという経験は地方公務員として働いていれば免れません。誰しも遭遇することですが、やはり不安ですよね。

私も42歳で、未経験の保健衛生分野の部署に異動すると同時に、係長に昇任するという「未経験×未経験」の人事異動の内示をいただいたときには不安になりました。あまりに不安で、前任者との引継ぎの日を間違えて前日に異動先の事務所に行ってしまったくらいです。人事異動で職場が変わるときに、まったく不安がないというひとはいないでしょう。程度の差こそあれ、誰にとっても仕事が変わるというのは不安なものです。ただ、私自身「未経験×未経験」の人事異動を経験して、ミドル期になってからの初めての業務への異動は、20代、30代までのそれとは不安の質が違うことに気が付きました。

若手・中堅の頃であれば、転入してきたひとにＯＪＴで仕事を教えるのは、教える側にとっても教えてもらう側にとっても自然なことです。若くてもその部署での経験が豊富な職員がいて、転入者に仕事を教える光景は珍しくありません。

一方で、40代で長ではなく係員として転入してきた職員の場合どうでしょうか。教える側の方が後輩である可能性は高く、教える方もやや居心地が悪く、何より教えてもらうこちらが申し訳ない気持ちになってしまいます。電話におっかなびっくり出たり、他部署との打ち合わせでも何も言えないか、発言したと思ったら的外れだったり。

20代、30代の頃はそんな様子にも笑いながら謝っていれば済んでいましたが、40代を過ぎるといたたまれない感じになります。このいたたまれなさが、歳を重ねてから初めての業務を経験するときに感じる不安につながっているのではないか。初めて感染症法のことを勉強し、専門用語の飛び交う会議で嫌な汗をかきながら、私はそんなことを考えていました。

歳を重ねたからこそ

とは言え、いたたまれないままで終わるわけにはいきません。40代であれば「異動先で新しい業務のことを覚える」という経験は豊富なはずです。決裁を片っ端から読み込む、引き継ぎ書を頭に叩き込む、とにかく質問する、同僚の仕事ぶりをじっくりと観察する。そのスタイルはひとそれぞれですが、つまるところこれまでと同じように自分が確立してきたやり方で仕事を覚えることにつきます。

確かにいたたまれない姿をさらしたり、貢献できず申し訳なさを感じたりすることはあるかもしれません。そうであればなおのこと早くひとりで仕事ができるようになることが、自分の居場所をつくる近道です。

また、新しい部署の業務については素人かもしれませんが、組織内の仕組みや人間関係などに通暁しているのはミドル世代の強みです。組織内で共通する知識やスキルが、新しい部署ですぐに役立つ場面があるかもしれません。事業について相談したいと思っている部署に知り合いがいて、互いに顔の見える関係でつないであげられるかもしれません。

歳をとった素人として謙虚に速やかに学ぶ姿勢を持ちながら、一方では組織において重ねてきた経験を活かせる場面を探して貢献を重ねていけば、たとえミドル期以降で初めての分野の部署に異動しても自分の居場所をつくることができるはずです。

業務の内容は初めてだとしても

私がとてもお世話になった先輩で、ずっと初めての部署をわたり歩いていたひとがいました。詳細は省きますが、その先輩が新しい部署に配属されるたび分野もバラバラで、「異動するたびに初めての部署なの、本当に勘弁してほしいんだよな」とよく話してくれました。

ただ、その先輩がわたり歩く部署はいつも、重要な事業を扱っていたり、組織の立て直しが必要だったり、大半が「大変な部署」だったのです。組織の中にときどきそういうひとがいますよね。火事場をわたり歩く「火消し職人」のようなひとです。

皆さんがミドル期にそれまで縁もゆかりもなかった部署に異動することになった場合、単純なジョブローテーションではなく、ご自身の何らかの経験や得意なことが頼りにされて、異動先の部署で期待されている役割があるのかもしれません。私の先輩のような「火消し職人」なのかもしれませんし、もっとピンポイントにその分野における条例や計画の立案経験だったり地域住民や業界とのつながりだったり、その可能性は様々です。

新しい部署で自分に何が期待されているのかについては、本来であれば人事や上司が説明するべきです。しかし、私たちの業界では必ずしもそれが当たり前にはなっていません。また、得意なことほど自分では自覚しにくかったりもするので、異動して着任するまで、いや着任してもその真意は分からないかもしれません。それでも自分の異動には何かしら意味があるかもしれないと思って、それを自ら探してみてください。誰かが与えてくれたものではなく、自分なりに見出した意味があれば、未経験の業務に対する不安を乗り越えて、その部署での仕事にやりがいを感じることもできるはずです。

4 「若い頃のように無我夢中では働けないのかな」

ミドル期になると体力や家族を含む環境、仕事に対する価値観など様々な点で変化をしています。その結果として若手の頃と比べて働き方も変化することがあります。私の場合は、体力の衰えが影響しているせいか、長時間の残業が連日続くような働き方は難しくなったと感じています。またこれは加齢だけではなくモチベーションや立場によっても変わりますが、30代の頃と比べるとフットワークに軽快さがなくなりました。

代わりに多くの情報を基に判断したり、一緒に働くメンバーに求められて助言をしたりする場面が増えました。今の担当業務や係長という職位によるところもありますが、「いつ訪ねても職場にいない」などと言われたかつての私とは大きく異なります。

皆さんは若手の頃と比べて、どんな点で働き方が変わったと感じるでしょうか。

もうあんな働き方はしたくないけれど……

ミドル世代の地方公務員同士で話をしていると、大変だった仕事の思い出話を聞くことがあります。

「なかなか市長が納得しなくて、あの会議の直前は連日終電だったな」。

「毎日地権者に説明して歩いていて、まったく席にいなかったんだよね」。

「担当する世帯が多すぎて、毎日終業後にやっと事務仕事を始められたんだ」。

最後は「でも、もうあんな働き方はできないよね」で締めくくられます。

その言葉には、この歳になってまでもうあんな働き方はしたくないという気持ちと、大変ではあったけれどもその頃のことを少し懐かしく思う気持ちとが混ざっているように聞こえます。とてもやりがいを感じる仕事だったのかもしれません。職員として大きく成長した仕事だったのかもしれません。先輩たちに認められながらチームとして働くのが楽しかったのかもしれません。

地方公務員として20年も働いていると、そんなふうにハードな仕事ではあったけれど、悲惨な経験としてではなく懐かしく思い出すような職場がひとつやふたつはあるのではないでしょうか。私の場合は、30代の頃に取り組んだ官民連携のプロジェクトでの5年間、内閣府へ派遣されていた2年間は、もう同じような働き方はできないけれどいい思い出として振り返る仕事です。

そんな職場をつくる側に

そういった仕事に再び就くチャンスが巡ってきたら、進んで手を挙げてハードな仕事に身を投じるのもいいでしょう。ただ、恐らくやりがいの感じ方や成長の度合いは、当時とは異なるはずです。

それは当然ですよね。当時の私たちがガムシャラに働いているとき、同じ職場には恐らく全体をマネジメントしていたり、広い視野でチームを導いてくれたり、うまくいかない私たちにやり方を教えてくれた先輩たちがいました。次にそういった仕事に携わるとき、今度は私たちがはその立場になるのです。

今の私たちがそういうハードな仕事でガムシャラに働こうと思えば、多くの場合、そこには後輩の職員がいて、私たちは中核的な職員として管理職などリーダー役の補佐をしたり、若手を指導することが期待されます。

私たちはミドル期に差し掛かり、もはやガムシャラに長時間働いて力づくで資料を仕上げることよりも、「次世代を育むこと」に対する関心が強くなっています。その課題に取り組むことは、ミドル期にとって貴重な成長の機会でもあります。私たちは若い頃のように無我夢中で働くことができなくなったのではなく、そろそろ若いひとたちが無我夢中で働いて、やりがいを感じ、成長できるような場をつくる側になったのです。

もちろん、何歳になってもプレイヤーとしての仕事をとことん突き詰めたいというひとはいますし、そういったテーマを追求することが悪いわけではありません。ただ、歳を重ねて働くことができなくなるまでの残り時間を意識するにつれ、今ここで自分の手で何かを生み出すこと以上に、自分が組織を去った後も残る何かのために、限りある時間を使いたくなるのは自然なことです。今はプレイヤーとしての仕事に没頭できたとしても、いつかジェネラティビティと向き合う日が来ることは知っておいてください。

若いひとたちが無我夢中で働ける場所のために

最後に、若いひとたちが無我夢中で働ける場所をつくるために、私たちミドル期の職員が意識しておきたいことを考えてみましょう。私たちが若い頃に享受した無我夢中に働ける場所とはどんな場所だったでしょうか。そこに答えがあるはずです。

まず仕事は多く、難しく、ハードな職場でした。疲労や睡眠不足でたまには休みたくなったりもしたかもしれませんが、心身の調子を大きく崩すわけではありませんでした。心身、特にメンタル不調にならない職場であることは非常に重要です。

チームのメンバーが心身に支障を来さない職場であるためには、様々な要素について考える必要があります。中でも重要なのは、仕事の負荷が大きかったとしても頑張る後輩を、しっかり見守ってひとりにしないことです。そして、実際にその後輩が失敗したり、仕事を進められなくなったときにフォローしてあげられることも必要です。

「大丈夫だよ。失敗しても何とかなるから、やってみましょう」。

そんなふうに後輩に言えることが大切です。

また、成長という観点ではどうでしょうか。

本章1節で後輩の育成についてお伝えした際に、「コンフォートゾーン」「ストレッチゾーン」という言葉を使いました。ミシガン大学ビジネススクール教授のノエル・M・ティシーが提唱した概念です。コンフォートゾーンは、今の自分で簡単に乗り越えられてしまう課題ばかりの環境、ストレッチゾーンは、容易に乗り越えることはできないけれど、何とか背伸びをしたり誰かの支援があれば乗り越えられるような環境です。

この背伸びが求められる環境で、後輩が課題を乗り越えられるように必要な足場をつくってあげること(ただし、その足場によって簡単に課題を乗り越えられるようになってはいけません)が、彼/彼女らが成長できる場をつくるためには有効です。

ハードな環境で難しい仕事があったのなら、それをそのまま後輩に手渡すのがいいのか、少しヒントを添えて足場をつくってあげながら手渡すのがいいのか、手渡す相手と手渡す仕事の両方に対する理解が求められます。私たちの世代が若い職員のためにこういった場をつくることは、きっとよりよい組織をつくり、ひいては住民の幸せにつながるはずです。

5　人材育成におけるミドル期職員の役割

ひとはミドル期において、自ら成果を挙げることから、次世代に何かを残していくことへと関心の対象が変化していくことについて、ここまで何度か触れてきました。次世代に残せるものは様々ありますが、独自の技術や製品、サービスを継承していくことができる民間企業とは異なり、私たちが勤める自治体において「次世代に残す」という観点で大きな意味を持つのはやはり人材ではないでしょうか。

この項目では、地方公務員のミドル期において重要な意味を持つ人材育成について、ミドル世代の私たちはどのように取り組むといいのか考えてみましょう。

人材育成の三本の柱

皆さんはご自身の職場の人材育成基本方針を読んだことはありますか。人材育成基本方針は、「地方自治・新時代に対応した地方公共団体の行政改革推進のための指針」（平成9年11月14日付け自治整第23号）において、職員の能力開発を効果的に推進するため、各自治体が人材育成の目的、方策等を明確にした基本方針を策定することとされたものです。私が勤めるさいたま市では「さいたま市職員・組織成長ビジョン」という名称で策定されています。

それぞれの自治体の人材育成基本方針でも定められているはずですが、人材育成は一般的に①ＯＪＴ（On the Job Training＝職場において上司・先輩等が仕事を通じて行う職場研修）、②Ｏｆｆ＝ＪＴ（日常の職場を離れた所で実施する職場外研修）、③職員自身が自発的に取り組む自己啓発の三本の柱から構成されます。

では私たちミドル期の職員は、この三本の柱にどのように関わることができるのでしょうか。

まず①ＯＪＴについては、ここまで本章でお伝えしてきたように、その仕事に必要な知識やスキルを仕事の中で伴走しながら指導していくことが職場の先輩としての関わり方の中心になります。人事異動で不慣れな部署に配属されたときなど、後輩の方がその分野における知識やスキルに長じていることがあります。そうであったとしても、組織の中で共通するルールや対人関係の中での仕事の進め方など、後輩の成長を支援できることがあるはずです。

また、単純に先輩後輩というだけではなく、ある程度組織の中で経験を重ね熟達してきたミドル期の職員であれば、前節でご紹介したように、後輩の成長につながりそうな仕事を「ストレッチゾーン」という観点で考え、任せる中身や任せ方、任せた後のフォローを工夫することも重要な関わり方です。また、本章6節でご紹介する「経験学習」という学習モデルにおいても、ミドル期の職員が後輩の学びのために担う役割があります。

「社会人の学びの7割が直接の経験から得られている」という、マイケル・ロンバルドとロバート・アイチンガーらの研究があるように、職場での経験から学ぶＯＪＴは時代が変わっても職員の成長の重要な機会です。近年、オンラインや動画配信など職場外研修（Ｏｆｆ＝ＪＴ）による学びの多様化・効率化が進んでいます。であるからこそ、ひとの手による支援が有効なＯＪＴでミドル期ならではの役割を果たすことができたなら、私たち自身がやりがいを感じながら、組織にも地域にも人材育成という面で貢献できるのではないでしょうか。

経験を活かして講師になる

ここまでミドル期の職員のＯＪＴにおける役割について考えてきましたが、②Ｏｆｆ＝ＪＴと③自己啓発では、ミドル期の私たちはどのような役割を担うことができるでしょうか。

職場から離れた研修であるＯｆｆ＝ＪＴであれば、例えばそこで講師を務めるという役割があります。自己啓発についても、公務員の有志が業務時間外に実施している自主研修／自主研究活動の勉強会などで講師を務めるのもいい機会になります。

研修や勉強会での講師を任せてもらえれば、身近な後輩だけではなく多くの後輩に知識やスキルを伝えることができます。私の勤めるさいたま市では、自治大学校に派遣された経験を持つ職員が政策立案や地方自治法などの研修の講師を務めることがあります。私自身もキャリアコンサルタントとして、育児休業復職支援研修を内部講師の立場でお手伝いさせていただいています。

ただし、講師を務める際には、単に自分の成功体験から同じやり方を押し付けるような伝え方にならないように注意が必要です。人間には生存者バイアスという思い込みがあり、自分が取り組んで失敗しなかった方法が正しい方法だと信じたくなる思考のクセがあることが知られています。そしてこれはＯＪＴであっても同様です。

我流に陥らないようにするためには、自身の経験から多くの後輩が参考にできるような「知恵」を取り出して伝えることと、それを裏付ける理論や考え方を書籍などで補強することが欠かせません。私も常に気を付けていることなので自戒を込めてお伝えしますが、ぜひ講師を務める際には、自身の経験から語れるノウハウだけではなく、経験上うまくいった方法を抽象化して知恵として結晶化させるひと手間を忘れないでください。

都道府県単位で市町村を含む職員の人材育成に取り組む機関（例えば、東京の「東京都市町村職員研修所」など）では、研修講師を要請するプログラムなども提供されています。そういったところで学んでいただくのもおすすめです。

学ぶひとを認める組織をつくる

講師などの形で直接有益な知識や知恵を伝達する機会を得ることができればよいのですが、そういう機会はまれです。そうではなく、間接的に②Ｏｆｆ＝ＪＴや③自己啓発による人材育成を支援する方法があります。

それは若手職員が研修を受講したり、自己啓発に取り組むことを前向きなこととして認め、敬意を持って接することです。私たちのそういった態度が、積極的に成長しようとする職員を「カッコいい」「尊敬の対象」と評価するような職場の雰囲気をつくっていきます。

皆さんの職場は、日々の業務に追われる中で自ら手を挙げて研修を受講したいとは言いづらい職場になっていないでしょうか。研修を受講したいと申し出る職員に「随分と余裕があるんだな」なんて言う上司や先輩を野放しにしていませんか。自己啓発に取り組むことを、職場のひとに知られたくないと感じている職員はいませんか。

「社会人の学びの7割が直接の経験から得られている」というロンバルドらの研究をご紹介しました。残りの学びが3割あるはずですが、ロンバルドらによると2割が周囲からのアドバイス、1割が研修からの学びとされます。1割というと小さく感じるかもしれませんが、年間で研修を受ける時間はそれほど多くありません。そのことを考えると、限られた研修の時間で「1割も」学びを得ることができているとも言えます。

そうであるにもかかわらず、職場から離れて学び、自らが成長して仕事の質やスピードを高めようとすることよりも、今目の前の仕事のために1時間長く残業することの方を組織に貢献できていると評価する「古い労働観」が、私たちの中に深く深く根を張っています。その価値観は私たちに、研修の受講を希望する職員を冷めた目で眺めることを促します。

その雰囲気を変えるのは、若手職員の役割ではなく、やはり私たちミドル世代の職員の役割ではないでしょうか。ぜひ管理監督職であってもなくても、研修に行きたいという職員の背中を押して、職場の雰囲気を変えるような言動を重ね、ひとが学ぶのが当たり前の組織をつくりたいですね。

6　対話により経験学習を支援する

前項ではOJT、Off＝JT、自己啓発のそれぞれの人材育成の要素において、ミドル期の私たちが貢献する方法についてお伝えしました。その中でもOJTは、現在の地方公務員の人材育成において最も重要な要素です。

そのOJTを、職員にとってより有効な成長の機会とするためにご紹介したいのが、1章5節でも述べた「経験学習」です。経験学習は、職場における学びのモデルのひとつであり、若手職員が職場で実施するうえでミドル期の職員が担う重要な役割があります。

経験を学びにつなげる経験学習

経験学習はデイヴィット・コルブが提唱したとされる学習のモデルで、官民問わず人材育成の分野では広く知られています。

経験学習は、①ある経験をして、②それを振り返り、③概念化することで、④それを活かした次の行動ができ（＝次のサイクルにおける①）、その経験を②再び内省、③概念化するというサイクルを回しながら学んでいくとされています（図1）。

例えば、皆さんも決裁をもらうためにその内容を上司に説明したのに、どうにも上司が納得してくれなかったり、内容について様々な指摘を受けて手戻りがあるといった経験をしたことがあるでしょう。これが経験学習における①の経験にあたります。次のステップとして②この経験を振り返ると、「上司の指示の中に理解できていない部分があったのに、思い込みで作業を進めてしまった」ということと、「指示の中に不明瞭な点があったので、しっかり確認すれば上司が納得する内容に仕上げられたのではないか」ということに気付きます。

経験学習で重要なのが、そこからさらに③概念化するというステップです。概念化とは、様々な場面で適用できる知恵になるように、大切な部分を抽出したり抽象化する作業のことです。

このケースで言えば、例えば「上司の指示の中に理解不足の部分があれば、その場でしっかり確認する」と概念化してもいいかもしれません。さらに「理解不足の部分があれば、その場で確認してから作業を進める」と概念化すれば、仕事全般で活用できる知恵になります。上司とのやり取りにおける知恵に焦点を当てるなら、「適切なタイミングで内容や進め方について上司に確認しておく」といった形で概念化しておくのも有効かもしれません。

そして、得られたそれらの知恵を別の経験で実際に活用してみて、再び②振り返り、③概念化して、その知恵の有効性を確認したり、さらに磨き上げていきます。そうすることで、職場で役立つ知恵を一つひとつ自分の中に積み重ね、成長していくのです。

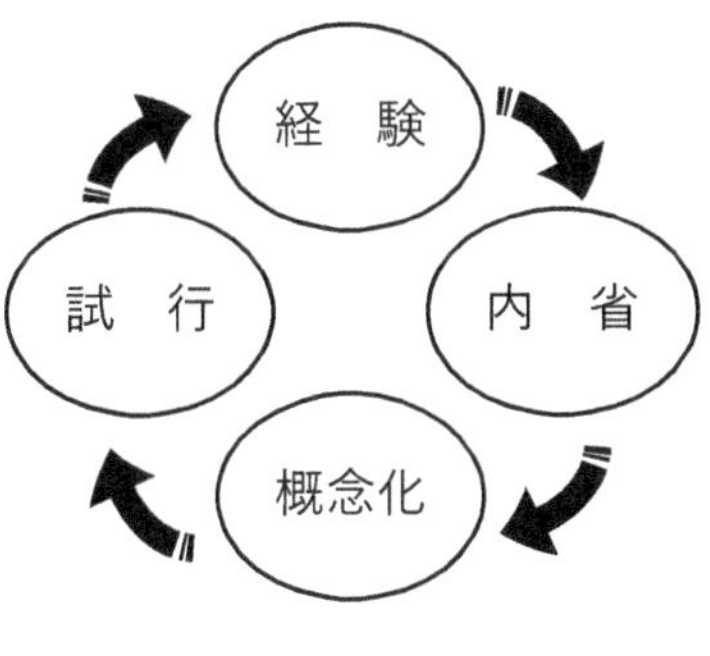

図1　経験学習のサイクル

対話によって経験学習のサイクルを回す

それでは、この経験学習による学習のモデルの中で、ミドル期の私たちはどのような役割を担うことができるのでしょうか。

経験学習においては、単にある経験について「あのときの何がよかったのか／よくなかったのか」と振り返るだけに留まらず、条件や場面、関係者などが変わったとしても活用できる知恵を、その経験から得ることが重要です。しかし、経験学習のサイクルの中で②経験の振り返りと③概念化は、自分ひとりで実際に取り組もうとすると容易ではありません。中堅以上の職員であれば、仕事の中で知らないうちに同じような学び方をしていることもあるので、何となく「こう考えればいいのかな」とイメージできるかもしれません。しかし、若手の職員にはややハードルが高いでしょう。

そんなときに有効なのが「対話」です。

身近にいる若手の職員が何かの仕事でうまくいかない経験をしたら、その話を聴くことが経験学習の支援になります。実際に仕事でどういうことがあったのかに耳を傾けながら、本人の②振り返りと③概念化を助けるような「問いかけ」をすることで、本人が意識しないうちに経験学習のサイクルを回すことができます。概念としての経験学習を知っていても、ひとりで考えるとなかなかうまくいかないものですが、先輩から質問されると本人がハッとして「そういえば……」と考えることができます。

先ほどご紹介した「上司の指示の理解不足」のケースであれば、例えば「課長の指示の中の《関係部署》ってどうやって決めたの？」とか「課長からは資料を《すべて》送るよう指示されたの？」などと尋ねてみましょう。そうすると本人が具体的な指示がなかったことや、自分が指示を受けたその場で「理解していないことに気付いていなかった」ことを思い出せるかもしれません。

ミドル期の強みを活かした「1 on 1」

この対話をさらに進化させて、1章4節でご紹介した「1 on 1」というスタイルで継続的に後輩の育成支援に取り組むことも有効です。

「1 on 1」は、上司と部下の定期的な1対1での面談で、人材育成やモチベーション向上、組織へのエンゲージメント向上など様々な効果を期待して、企業や官公庁などで広まりつつある取組です。

私の場合、係長になる前から主査の立場でふたりの後輩の「1 on 1」に取り組んでいました。頻度は2〜3週間に一度。ふたりが希望するタイミングで私の空きスケジュールに設定してもらうようにしました。話す内容は後輩本人が話したいこととし、「1 on 1」の冒頭で「今日は何の話をしましょうか」と尋ねることから始めます。「1 on 1」の場では、まず後輩から「こんなことがありまして」と取り組んでいる業務のことが語られます。それに対して「そのときにどう思ったのか」「相手から聞いたことをどう理解したのか」「今のあなただったら、そのときのあなたにどんなアドバイスをするか」など様々な形で問いかけます。狙いはその後輩の成長であって、私が知りたいことの確認ではありません。どんな問いかけなら後輩の気付きにつながるのかを心がけながら、問いかけるのがポイントです。

その結果、徐々に後輩が自分で振り返って、「こういうときには、こうするようにしたい」といった気付きまで到達できるようになり、「1 on 1」の手法に手応えを感じました。

民間での事例では上司と部下の関係で取り組んでいるケースが多いようですが、自治体の現場では、人事評価制度上の評価者である管理監督職に代わって職場の先輩が実施するのも効果的です。こういった問いかけの巧拙は、「知識量」だけに左右されるものではなく、コーチング的な「姿勢」が強く影響します。ミドル期の職員が、これまでの様々な部署での経験と価値観を活かして（ただし決して押し付けず）、貢献する手段として有効ではないでしょうか。

7 手がけたことを残すには

「自分はこれまで何をやってきたんだろう」。

そんなことを考えてモヤモヤした気持ちになることはありませんか。

20年以上地方自治体で働いてきて、数年ごとの異動を繰り返していくつもの法令を扱い、たくさんの市民と向き合ってきた気がするけれど、これと言って自分の代表的な実績と言えるものが思い浮かばないひとは珍しくありません。

ミドル期には残りの職業人生のことを思って、自分の仕事を残すことへの関心が強くなります。後進の育成も見方によっては、後世に残す自分の仕事の一部と言ってもいいかもしれません。

分かりやすいところでは施設など形があるものの整備がありますが、そういった事業に関わることができる職員は限られています。自治体の仕事ではほかにも法令や制度をつくったり、新しい事業を立ち上げたりして、それが自分が別の部署に異動したり、退職した後も続いていることがあります。

そんなふうに関わった仕事が後世に残るとしたら、地方公務員として非常に嬉しいことではありますが、実際の現場で私たちが接する仕事の多くはこのように分かりやすいものばかりではありません。

では、そういう普通の職場において、それでも私たちが次世代に継いでいける仕事とは何でしょうか。

マニュアルと仕組みを残す

組織で働いていて、自分がいなくなった後にも影響を及ぼすことができるもののうち、身近だけれども後の時代まで貢献できるものの代表と言えば、何と言ってもマニュアルです。

マニュアルづくり自体は、必ずしもミドル期の職員だけが取り組むべきものではありません。しかし、様々な部署を経験してきてその都度異なる制度の中でマニュアルを活用したり、自らマニュアルを作成してきたからこその経験知は、一日の長があります。

たかがマニュアル、されどマニュアル。

マニュアルのおかげでその部署の仕事が1日あたり30分間効率化できるとしたら、１年間で２００営業日あれば１００時間、ふたりで使えばその2倍、３人で使えば3倍です。また、いいマニュアルには業務の効率化だけではなく事務処理ミスを防ぐ効果もあります。事務処理ミスは、公表や問い合わせ対応、再発防止策など非常に大きな業務負担につながるので、それを防ぐ効果には大きな価値があります。

そのマニュアルが受け継がれながら長い期間使ってもらえるものであれば、その分だけ貢献度合いは積み上がり大きくなっていきます。自分がいなくなった後も、後輩たちを助けられるようなマニュアルを残せたら、もしかしたら先進的な事業を立ち上げて残すよりも何倍も組織や地域のためになるかもしれません。

また、仕組みを残す方法もあります。より小さな負担で必要な事業を継続できるような仕組みは、マニュアル同様に大きな価値があります。

自らが熟達した業務の中で、これまでの様々な部署での経験を活かしてマニュアルや仕組みという形で経験知を残すことを意識してみてはいかがでしょうか。

最後に残るのはドキュメント

苦労して新しい事業を立ち上げたり、既存の取組を大きく改善したりして思い入れの強い仕事に関わったとしても、いつかは人事異動によって手放すことになるのがこの業界。皆さんも自分が手がけた仕事を、後任者があまり熱心に取り組んでくれず、残念に思った経験はないでしょうか。

自分ではない誰かの手を経て受け継いでもらうことを考えると、記憶ではなく記録に残すことが大切です。マニュアルはそれ自体が文書なので大丈夫ですが、仕組みや事業はとなるとちょっと違います。せっかくつくった仕組みも新しい事業も、それが何らかの文書の形で残っていないと、担当者が別の業務を優先して廃れていったり、組織の改編等のどさくさに紛れて止められてしまうかもしれません。

私が20代の頃に発行を始めた環境関連の取組の庁内報があるのですが、15年以上経った今でも当時所属した部署で発行が続いています。長い期間継続されているのは後任の皆さんがこの取組を大切にしてくれたことが大きくとても感謝しています。また一方で、当時その庁内報の根拠となる取組方針を決裁を得て施行したことも、後ろ盾として影響しているのではないかと考えています。庁内報単独であれば、業務負担の状況によって止められるタイミングがあったかもしれませんが、その環境関連の取組全体についての方針は廃止しにくかったかもしれません。

これは自治体に顕著なのかもしれませんが、前述のマニュアルでも方針でも、何かしら文書として残されたものは無下にできないものです。計画や条例などはその最たるもの。前例踏襲だと揶揄されたりもしますが、担当者が変わっても組織として同じように取り組み続けるためにも、選挙による首長の交代が大切な取組に大きく影響しないためにも、文書によって業務を引き継いでいく文化が私たちの業界には根強くあります。

自治体で自分の仕事を残したいと思うなら、その文化を利用しない手はありません。

誰の記憶に残るか

役所では記憶より記録に残すことが大切。

しかし、最後に「私」や「あなた」という個人が刻まれるのは、記録ではなく、やはりひとの記憶です。皆さんは、地方公務員として働いてきた自分のことを、誰の記憶にどのような人物として残っていてほしいと願うでしょうか。

ひとにとって本当の死は、肉体的な死ではなく誰の記憶からも消え去ったときだという考え方があります。少し大げさかもしれませんが、同じ考え方に立てば、地方公務員としてのあなたや私は、その働いている姿が誰かの記憶の中に残っている限りは地方公務員として生きていることになるのかもしれません。

質問を逆転させてみます。

皆さんは、営業マンや店員などこれまで仕事として対応してくれたたくさんのひとたちの中で、誰のことが記憶に残っていますか。どうしてそのひとのことが忘れられないのでしょうか。笑顔が素敵だったのでしょうか。丁寧に寄り添ってくれたのでしょうか。ズバッと困りごとを解決してくれたのでしょうか。

その状況によってひとの記憶に残る理由は様々でしょうし、意図して記憶に残るような働き方を心がけるというのも本末転倒です。ひとの記憶に残るために働くというのは、私たち地方公務員という職業の矜持にも、やや相応しくない気がします。

ただ、いずれにしても、私たちのようなミドル期の職員は、上司や組織の評価のために頑張ることから自由になって、そろそろ自分が大切にする価値観に従っていいと思うのです。その結果として後輩を大切にしていれば後輩の記憶に残るでしょうし、住民の声に丁寧に耳を傾けていればその住民の記憶に残るのではないでしょうか。

8 自分の軸を意識して高める・深める

まだまだ知識・スキルを磨きたい

ミドル期における変化として、人材育成など後進への継承が大切なのは理解しつつも、こんなふうに思う方もいるのではないでしょうか。

「そうは言っても、まだまだひとりのプレイヤーとして知識・スキルを磨きたい、専門性を高めたい！」。

ここまで、次世代へと継承していくこと、人材育成や仕組みづくり・マニュアル化などにテーマが移っていくということを強調して伝えてきたので、もう自分のテーマを磨いたり探求したりする時代は終わってしまうかのような印象を覚えたかもしれません。

しかし、実際はそうではありません。

役職としてプレイヤー（係員・課員）からマネジャー（係長・課長）になるのであれば役割も大きく変わりますが、本書でお伝えしているミドル期への移行においてはちょっと違います。それは、ある日突然役割が変わるというよりも、徐々に自分にとって重要なテーマが入れ替わったり追加されるといった変化です。

ですからプレイヤーとして自分の担当業務に打ち込み、関心のある分野の知識やスキルを磨くことを止める必要はありません。ミドル期になるにつれて、新たにジェネラティビティというテーマが強調されるということです。そしてそれは無視できないくらいの大きさで心の中を占め、仕事の中で取り組むことでやりがいを感じられるテーマのひとつになっていきます。

では、ミドル期以降に自らの知識・スキルを磨くにあたって、どんなことを意識するといいのでしょうか。ここではキャリアデザインの観点から考えてみましょう。

自分の軸を意識する

ミドル期以降も地方公務員として知識・スキルを磨き続けるのであれば、自分の軸を意識することが大切です。外的キャリアから内的キャリアへ軸足を移すということを繰り返しお伝えしていますが、自分の軸を意識するというのはまさに内的キャリアを意識することです。

それでは「自分の軸」というのは、具体的にはどのようにして見出せばいいのでしょうか。それは組織から求められることの中にヒントがあります。

「あなたはどういう公務員ですか」。

そんなふうに訊ねられたら、皆さんはどう答えますか。「税／福祉／教育など自分が長くいた分野に強い公務員」と語るかもしれません。また別のひとは、「分野に限らず対人支援の経験を重ねてきた」と語るかもしれません。中には、懸案事項に多く携わってきた「火消し公務員」というひともいるのではないでしょうか（私の先輩にもいるというお話をしました）。

一般的に若手の頃は育成期として様々な仕事を経験することが多いですが、組織の中で中堅になる頃から育成される側を卒業し、能力を発揮していく「発揮期」へと移っていきます。ミドル期に入った私たちは、既に発揮期に入って相当の期間を経ていますので、「あなたはこういう人材ですね」という組織の期待を感じ取っているのではないでしょうか。もし、そういった「組織が考える私の使いどころ」にピンと来ないひとは、今からでも何かしら仮説を立てることをおすすめします。仮説を立てるというのは、「福祉の分野が長いから、福祉のプロフェッショナルとなることを期待されているのかもしれない」とか、前述した例のように「重大な懸案事項を抱える部署ばかりわたり歩いているから、火消し役を期待されているのかもしれない」と考えるのも、仮説を立てることになります。

そういう私自身はどうなんだろうと思い返してみると、次世代自動車の官民連携事業に始まり、20年来の懸案であった公有地活用、感染症の検査をする地方衛生研究所の運営など、（市民からも首長からも）プレッシャーを感じる仕事をわたり歩いてきた気がします。まるで「胃痛公務員」とでも言うのでしょうか。

キャリアについて考えるとき、そのような組織の期待をｍｕｓｔ（求められること）と考え、ｗｉｌｌ（やりたいこと）、ｃａｎ（できること・得意なこと）と3つが重なる部分にそのひとがやりがいを感じられる仕事があると言われています（図2）。

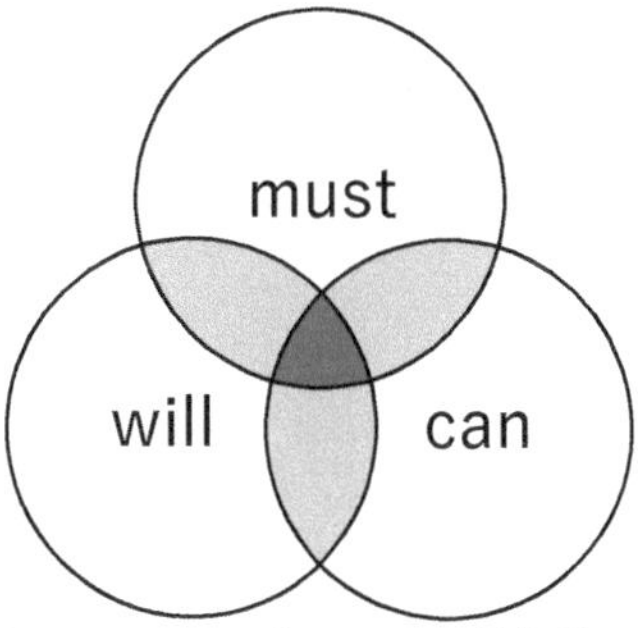

図２　must、will、canの重なり

組織の期待を手がかりにその3つが重なる仕事を探して、そこに自らの軸を見出して必要な知識・スキルを磨いてみてはいかがでしょうか。

例えば、福祉分野のケースワークをはじめ、教育では不登校や給食費納付の問題で個別の世帯と向き合ったり、まちづくりでは空き家対策の経験を積んで、「課題を抱える世帯を相手にした支援や調整」などに自分の軸を見出したとします。その場合、もしかしたらお金の専門家であるファイナンシャルプランナーの知識や、地域資源を活用した支援という切り口で、社会福祉士などの知識が役に立つかもしれません。家族の問題に接することがあるなら心理学も有効でしょう。

分野ではない専門性

知識・スキルを身に付けるということはｃａｎを広げるということですので、結果的にｍｕｓｔとｗｉｌｌとｃａｎが重なる部分を大きくすることにつながります。つまりは、自分がやりがいを感じられる仕事の範囲が広がるということです。

地方公務員は定期的な人事異動によって専門性が身に付かないという嘆きを耳にすることがあります。確かにずっと福祉、ずっと経済振興といった特定の分野だけで経験を積むことはなかなか難しい職業かもしれません。

しかし、行政課題の分野ごとに育まれるものだけが専門性ではありません。窓口業務だって、対人支援だって、プロジェクトマネジメントだって、「火消し」だって、それぞれ立派な公務員としての専門性です。様々な分野をわたり歩く中で自分の強みを磨き続けながらそれらの専門性を育むことができますし、地方公務員の専門性とは、元来そういうものなのではないでしょうか。また、専門性とは異なるかもしれませんが、法的センスや文書能力など公務員としての「基礎体力」は、この職業に特有の専門性と言えるでしょう。

私たちミドル期の強みは、多くの経験を経て組織の期待（ｍｕｓｔ）と自分の強み（ｃａｎ）を理解する材料を多く持っていることです。この手元の材料を使って自分の軸をじっくりと考えてみましょう。そうすれば、ミドル期以降も様々な部署をわたり歩きながら自らの軸にそった専門性を高め、業務を通じて組織に貢献するとともに後輩の指導育成でも力を発揮できるはずです。

人生１００年時代。そうして磨き続けた専門性は、いずれ組織を離れて新しい世界に飛び込む際にも、自分自身を助けてくれるのではないでしょうか。

《インタビュー②》

「最強の二番手」をモットーに～栗林正司さん

インタビューふたり目は、兵庫県加古川市職員の栗林正司さん（51歳）からお話をお聴きしました。

《プロフィール》くりばやし・しょうじ
様々な債権の滞納整理に従事し、公課並びに私債権の債権回収の基礎知識及び交渉術等の講師を担当。自治体や大学で「オモイをカタチにする研修」を担当するなど、公務員ネットワークを活かし、近隣市町を巻き込んだ職員の意識改革に貢献。

講師のセリフを書き起こして完コピ

――栗林さんは、これまでどんなお仕事を経験してこられたのでしょうか。

私は高卒で市役所に入ったのですが、最初は市民税課に配属されました。この知識は今でも活きていますが、机に向かって書類と向き合うデータチェックの仕事は正直に言って自分に合っていませんでした。その次に地域振興課でイベントなどを担当しました。このときの経験は、今のプライベートでイベントを企画するといった活動にも影響を与えていますね。その後は生活福祉課、下水道経営課、収税課、債権管理課、土木総務課を経て後期高齢者医療広域連合に行かせてもらい、今は環境部門でし尿処理の手数料などを扱っています。

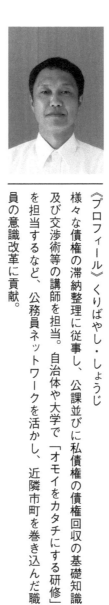

このように債権の徴収の仕事が多いんですよね。税だったり手数料だったり、強制徴収債権から私債権まで種類は様々なのですが。

——徴収の仕事で、どのようなことを学びましたか。

腹をくくるということでしょうか。徴収の仕事の肝なんです。ちゃんと聴き取る・聴き出す納付交渉・折衝ができて、それでも応じてもらえない場合には差し押さえをすることになります。債務者との交渉で支払えない理由が妥当なものかどうかしっかり確認し、必要ならお金に関するアドバイスを通じて生活改善の行動変容に導きます。それでもなお支払う意向がないことを確認できたら、もう差し押さえをするしかないんです。このプロセスがしっかりしていれば差し押さえをする前提条件が整います。そのうえで差し押さえを決断できるかになります。そのときに、差し押さえをするケースについて上司と現場のスタッフとの間で感覚が近いと、チーム全体で同じように腹をくくれるのでスムーズですね。

——転機になったお仕事はありますか。

下水道経営課のときに外部の研修を受けたんです。そのときの講師がすごく分かりやすくて、衝撃を受けました。このひとのように話せるようになりたいと思って、セリフを書き起こして練習して完コピしました。その頃から、講師として知識を伝えることや人材育成に興味が湧いてきた気がします。今取り組んでいるフクギョウにもつながっていますね。

徴収スキルをフル活用する機会がない

——仕事でモヤモヤを感じることはありますか。

私はどちらかというとイノベーターと言いますか、新たな価値を生み出すような仕事をやりたいんですよね。今の職場はし尿処理の業務を所管しており手数料の徴収などもあるのですが、困難案件を積極的に整理できる環境でもありません。例えば、強制執行に至る債務名義の取得には税務門への移管手続きが必要で、原課でできることが限られています。これまで培ってきた徴収スキルをフル活用できるという環境ではないんです。加えて、し尿処理の事業は公共下水道整備や浄化槽の普及、そして高齢化により収集世帯数の減少が進む先細りの事業というのも、何となくモヤモヤする感覚につながっているかもしれません。

——やりがいを感じられた仕事とそうではない仕事には、どんな違いがあるのでしょうか。

恐らく仕事で充実しているときは「やりがいを感じているな」という感覚は、あまりないような気がします。夢中で働いているということなのかもしれません。それよりも、やりがいが感じられないとき、閉塞感があるときに迷いやモヤモヤを感じます。「中年の危機」と呼ぶかどうかはともかく、職場や家庭の環境の問題や上司・部下の価値観の相違などが影響しているケースが多いですね。上司との間では、お互いに悪気はないけれど、ギャップやすれ違いによってモヤモヤを感じたこともあります。こちらが考える課題感や悩みなどの本質的な対話よりも、上司自身の価値観・拘りで「こうしてあげたら」という接し方をされるなどのズレも、部下との板挟みもありモチベーションに影響しているように思います。

他者貢献の姿勢でフクギョウが向こうからやってくる

——栗林さんは業務外の活動にも精力的に取り組んでいますよね。今はどんなことに取り組んでいますか。

大きく分けて4つの活動に取り組んでいます。ひとつはイベントの企画です。これは地方公務員オンラインサロンの満足度向上委員会として、オンラインサロンを活用した自治体の人材育成施策の活性化、研鑽イベントの企画運営等の実務です。もうひとつは、研修や講座の講師です。ＮＯＭＡの業務管理オンライン講座の講師やジチタイワークスのセミナーの講師です。あとは、地元での農業と町内会活動です。営利企業等従事許可の手続きをして有償でやらせてもらっているものもありますし、ボランティアでやっているものもあります。

有償の「副業」に限らず業務外のこういった活動を、私はカタカナで「フクギョウ」と呼んでいます。対価性が低く、専門性もそこまで問われない自治会・町内会やPTA、消防団活動などボランティアでの活動から、有償での講師や執筆など一般的に副業・複業と呼ばれる活動まで広く「フクギョウ」として捉えています。

——栗林さんはどんなきっかけで「フクギョウ」に取り組むようになったのですか。

私は「誰もが自分らしく生き、挑戦できる社会」をつくりたいと思っているんですね。あるとき私が属するオンラインコミュニティの中で、パラレルワークを通じてチャレンジする公務員を増やす「フクギョウ公務員」というコミュニティを立ち上げようという動きがあり、声を上げた発起人を私がサポートすることになったんです。それが最初ですね。

——そういう場に参加してみてどんなことを感じていますか。

コミュニティにかける思いを伝えながら、共感が得られるようメンバーを募りました。その結果、数珠つなぎで、フクギョウを経験されているフロントランナーを含め、公務員経験者なら誰でも参加できる活動に広がっていったんです。活動は公務員フクギョウの先駆的な方々のセミナーや勉強会をオンラインで実施しています。自分自身も講演できるスキルはあるのですが、フクギョウ実績のある著名な方に登壇してもらう企画運営の立場では、自然と裏方の役割が求められます。その経験が今の私を形づくっている気がします。企画調整などを担うちに「私は裏方が性に合っているのではないか」と思うようになり、自分の持ち味がプロデューサー兼コーディネーター役であることに気付くことができ、「最強の二番手」というポジションを見出しました。

――「最強の二番手」というのは独特のポジションですよね。

そうですね。最強の二番手をモットーに裏方に徹して、いくつものコミュニティを通じて月に3～5本程度のイベントの企画や運営に携わっています。そうしたら、私の尊敬する同業者の方々から「すごい！」と認めていただけることが徐々に増えきました。「二番手」なので唯一無二の成果やスキルがあるわけではないんです。でも、他人のためになるようなことに多くの時間を割くことに何のためらいもありません。当たり前に他者貢献の姿勢で携わっているこのあり方を見ていてくださって、評価をいただいているのか、フクギョウが向こうから舞い込んでくるようになっています。一歩踏み出したことで世界が広がってきたように思います。

何かを始めるのに遅すぎることはない

――フクギョウによる仕事や家庭生活への影響はいかがですか。

全国の公務員等とつながることができました。そうして自分で開拓したネットワークやイベントの企画運営スキルを、庁内フクギョウで活かすことができるようにもなりました。これまで培ったネットワークを活かして魅力的な講師を市の研修に呼び、市に還元できたことは、フクギョウの理想型だと思っています。あとは、関わるひとの範囲が広がったので、自ずとコミュニケーション能力は磨かれると思います。役所での仕事では窓口に来るお客さんと、同じ職場の同僚などとのコミュニケーションが中心ですが、フクギョウでは年齢の高いひとから学生さんまで幅広く関わりますので。

私生活の面では、全国の公務員から相談を受けることが増えました。相談内容は様々で、本を出版したいので出版社を紹介してほしいとか、実証実験してくれる自治体とつなげてほしいとか、公務員を目指す大学生と交流したいとか。社会貢献活動、ビジネス、コーチング、恋愛相談などなど多岐にわたります。別に私自身が本を出版したこともなければ、実証実験をしている自治体に詳しいわけでもないのですよね。「なぜ相談相手が私だったの？」と聞くと、大半のひとが「アドバイスだけでなく、オモイをカタチになるようつなげてくれたり、実際にカタチにしてくれると思うから」ということでした。過分な評価をいただき、程よいナナメの関係性やゆるくしなやかなつながりに感謝しかないです。

――ミドル期の公務員にもフクギョウをおすすめしますか。

そうですね。おすすめします。20年も公務員として働いていると、どうしても公務員に染まってしまい内向きになっちゃいますよね。自分が持っている名刺にこだわってしまう。外に出て思うのはそういう肩書きとか名刺がまったく意味のない世界があるということ。セルフブランディングできなければ、「〇〇市の部長」だけでは誰も相手にしません。外に飛び出して初めて自分の価値に気付けるのではないでしょうか。2枚目、3枚目の名刺をつくって職場の外で視野を広げることが、ミドル期の私たちにはやはり大切です。その経験自体が自分のスキルやリーダーシップ向上につながり、人材としての価値向上にもつながります。

私も本当に動き出したのは40代後半で、今、50歳を過ぎても行動し続けています。何かを始めるのに遅すぎることはありません。時間は有限ですが可能性は無限大ですから。縛られずに貢献しようとする意志から動くとき、ひとの纏う熱量ってものすごくて、仕事じゃできないようなコトが実現できたりします。できない理由ではなくて、いかにやりたいことにフォーカスするか。楽しそうにやっていれば家族にも職場にも伝わりますから。

第3章

人間関係は公私での役割の変化を大切に

1　人間関係は「分かり合えない」から始める

「人間の悩みは、すべて対人関係の悩みである*1」。

『嫌われる勇気』が大ベストセラーになることで知られることとなったアドラー心理学では、そう言い切ります。確かに職場でやりがいを感じて仕事に集中するためにも、家庭が居心地がいい場所になりリラックスして過ごせるためにも、人間関係が重要であることに疑問の余地はありません。

この3章ではミドル期以降の「人間関係」の変化に着目していきます。冒頭では世代や場面を問わず人間関係において知っておきたいことをお伝えしたうえで、職場における人間関係、家庭を中心としたプライベートの人間関係について、それぞれ考えてみます。

分かり合えているという「誤解」

学生時代から勉強のことも恋愛のことも相談してきた親友、相思相愛で結ばれて一緒に家庭を築くパートナー、一緒に大変な仕事を乗り越えた戦友のような先輩。私たちの周りには互いに様々なことを共有し、自分のことも理解してもらえているし、相手のことも理解していると思っている親しいひとたちがいますよね。

「私たちは分かり合えているよね」。

普段は意識することもなく、そう言える間がら。

でも、私たちが互いに「分かり合えている」と思うことの多くは誤解です。

私たちが「分かり合えている」と言うとき、そうは言っても実際に相手のすべてを理解できているわけではありません。多くのひとはそのことを分かって言っていますよね。

たとえ寝食をともにするパートナーであっても、互いに知らないことのひとつやふたつあります（それでいいかどうかは内容にもよりますが）。職場の人間関係であればなおのこと。上司の指示や市民の手続きに応えるために働く日々の中で、いちいち自分の大切な価値観を打ち明けたりはしません。

そうであるにもかかわらず、「なんで分かってくれないかな」とか、「そんなの分からないよ」という気持ちがときどき顔をのぞかせます。頭では（知識としては）、何でもかんでも互いに分かり合うなんて現実的ではないと分かっているのに、冷静に判断できない状況だったり、相手への甘えが出るような場面ではついこのように考えてしまうのではないでしょうか。

分かり合えていないのは悪いことではない

そもそも、「分かり合えない」と聞くとすごく残念なことだと感じるかもしれませんが、私はそうは思いません。

分かり合えていない状態は、人間関係の状態で言えばポジティブな状態でもネガティブな状態でもない、ニュートラルな状態です。目の前のひとがどんなことを考えているのか――。この仕事を大切だと思っているのか――、早く仕事を終えて帰りたいと思っているのか――。自分のことを好ましく思っているのか、逆に疎ましく思っているのか――。分からないのでポジティブにもネガティブにも評価しない状態です。

大切なのはその状態への理解と自覚です。

私たちは、目の前のひとのことを勝手に分かった気になって、勝手に判断してしまうことがありますよね。そして、そういうときほど前述したような、「なんで分かってくれないかな」とか、「そんなの分からないよ」といった気持ちになったりします。

具体的な場面で考えてみます。

例えば、課長が係長と係員で進めている事業を応援してくれているケースです。ふたりで遅くまで残業する日が続いたある朝、課長が急に「これ以上残業をするなら、事業を見直すように」と言ってきました。組織で働いていると決して珍しい場面ではありません。

このとき「課長とは分かり合えている」と思っていると、係長と係員にとって「事業を応援してくれる課長」と「事業を見直せと言う課長」が矛盾する存在となり、困惑してしまいます。

しかし、そもそも「応援してくれているけれど、完全に分かり合えているわけではない」と思っていれば、見直しを指示した課長に確認すべきことが山ほど思いつくはずです。事業に対しては理解してくれているけれど、課長には残業に対して何か特別な思いがあるのかもしれません。

だからこそコミュニケーションを大切にできる

劇作家の平田オリザさんは、劇団運営に加えて、全国の小中学校、高校で演劇の理論を取り入れたコミュニケーション教育に取り組んでいます。彼は『わかりあえないことから』という著書の中でコミュニケーションについて「この新しい時代には、『バラバラな人間が価値観はバラバラなままで、どうにかしてうまくやっていく能力』が求められている」[*2]と述べています。

そして「人間はわかりあえない。でもわかりあえない人間同士が、どうにかこうにか共有できる部分を見つけて、それを広げていくことならできるかもしれない」*2という姿勢を提案しています。

これは人間関係のひとつの真理ではないでしょうか。

「分かり合えない」から始めれば、余計な先入観に基づいて判断してしまうのではなく、きちんと確認することが当たり前になります。「分かり合えない」から始めて、丁寧なコミュニケーションを重ね、結果的に「この部分については分かり合えたかもな」に至ればいいのです。

そして、これは職場の人間関係に限ったことではなくて、人間関係全般に言えることです。

特に、ミドル期の私たちは、職場でもプライベートでも、多くの「背景」を背負ってきた人間関係に囲まれています。その分だけ「私たちは分かり合えているよね」という思い込みによって「きっとこうだろう」という判断に陥り、「なんで分かってくれないんだ」と傷つくことを繰り返しています。

そんな私たちには「分かり合えない」から始めるという姿勢が、非常に重要だと思うのです。

日常の繰り返しの中でこれまで言葉を省いてきたことを伝え、問わずに済ませてきたことを訊ねるのは勇気が要ります。

だからこそ、目の前の大切なひととの関係こそ、今一度「分かり合えない」から始めてみてはどうでしょうか。「あのさ、なかなか話せていなかったけど……」から、大切なことを分かり合うための対話が始められるかもしれません。

＊1　『嫌われる勇気〜自己啓発の源流「アドラー」の教え』（古賀史健、岸見一郎、ダイヤモンド社）
＊2　『わかりあえないことから〜コミュニケーション能力とは何か』（平田オリザ、講談社）

2 他者は変えられない

「課長があのやり方でいる限り、残業が減るわけがない」。

上司が文書や資料の細かい「てにをは」まで気にして、いちいち赤ペンで添削して部下に返し、その修正でまた仕事が増える。結果として残業が多くなる。そして冒頭のような愚痴がこぼれる。そんな経験をしたことはないでしょうか。チェックが細かい上司に限らず、報連相を怠る後輩、役所に頼みごとばかりして自分で何とかしようとしない住民、子どもの学校の用事をすべて押し付けてくるパートナー、例えはいくらでも出てきます。こういったひとたちと関わると、私たちはついその相手のせいにして、相手が変わってくれることを願ってしまいます。

でも、他者は変えられません。

他者は変えられない、変えられるのは「自分」

「過去と他人は変えられない。しかし、今ここから始まる未来と自分は変えられる」。

これは米国の精神科医であるエリック・バーンの言葉として、心理療法家（公認心理師）の小倉広さんが紹介している言葉※1です。「他者は変えられない」という考え方は、エリック・バーンに限らず多くのひとが述べており、前節でご紹介した『分かり合えない』から始める」と並んで人間関係における真理と言ってもいいでしょう。

私たちは、ものごとがうまくいかないとき、つい他者のせいにしがちです。例えば、前述したチェックが細かい上司の場合、私たちはつい「課長が細かいせいで残業が多くなる」という考えに囚われてしまいます。同じ課長という立場でも、とても寛容な課長もいれば、この例のように資料や文書などについて細部まで気にする課長もいます。そして、後者のような課長と一緒に働く場合、その細かさ故に課員の仕事が多くなっていることもあり、残業を減らすためには課長が細かいチェックをやめてくれるのが何よりの改善策だと考えたりしますよね。

しかし、もしかしたらその課長は、過去に部下のミスにより大変な目にあっていて、細かいところまでチェックしないと不安なのかもしれません。そんな課長にやり方を変えてもらうのは難しいでしょう。

では、課長が変わらない限り本当に残業は減らないのでしょうか。例えば、ほかの仕事のやり方を見直すことで残業が減らせる可能性もあります。また、課長のチェックを受ける文書や資料をつくる際には同僚にダブルチェックをしてもらう、課長に提出する前に念入りに見直すといった見直しもできそうです。前述したエリック・バーンの「今ここから始まる未来と自分は変えられる」に照らせば、「仕事のやり方を見直す」のは、相手（課長）ではなく自分が変わったゆえの行動です。その結果が「残業が減る」という「未来」につながります。望む未来を得るために必要なのは、相手を変えることではなく「私」の行動だということです。

幸せを他者に左右される人生からの卒業

なぜミドル期の公務員のキャリアを考える本書で、「他者は変えられない」という人間関係の大原則についてお伝えするのか。それは、もう人生折り返し地点を迎えるのですから、そろそろ他者に自分の幸せを左右される人生から卒業しませんかということを、ここでお伝えしたいのです。私たち公務員は人事異動によって、いつまで経ってもやりたい仕事を経験できなかったりします。皆さんも、思うようなキャリアを築けないのを「人事課のせい」だと感じたり、そのように周囲に愚痴をこぼしたことがあるのではないでしょうか。でも、人事課のせいで思うようなキャリアを築けないとしたら、見方を変えれば自分のキャリア形成を人事課に委ねていることになります。キャリア形成に限らず、誰かのせいでできないことがあったり、得られないものがあるとしたら、それは自分の幸せが他者に左右される人生ですよね。

でも、他者は変えられません。他者を自分の思うように動かすことはできません。そんな他者に自分の人生が左右されるのは、自分の手で自分を幸せにすることを諦めるようなものです。

ミドル期に突入した私たちは残り時間が気になり始める中で、社会に何かを遺すことに対する関心が高まったり、出世などの見通しがついてしまって自分の価値観など内的キャリアに軸足を移していくタイミングが訪れています。そういった変化のひとつとして、そろそろ自分の幸せを他人の手に委ねるのではなく、自分で手づくりしていけるものだと意識することも大切です。ここまでどんなに他者の影響で苦労して、辛い想いをしてきたとしても、残り半分の人生で自らの幸せを手づくりすることができたら。とっても素敵な後半生ですよね。

それは影響の輪の内側か外側か

また、「他者は変えられない」という原則と併せて知っておきたいのが、「影響の輪」という考え方です。「影響の輪」は、『7つの習慣』(スティーブン・R・コヴィー、キングベアー出版)という本で紹介されており、仕事をするうえでも日常生活においても非常に有効なので、私も日頃から意識している考え方です。

自分が関心を持っている対象（明日の会議のことだったり、子どもの受験のことだったり）を「関心の輪」で表し、その内側により小さな輪として「影響の輪」を描きます（図3）。「影響の輪」は、自分が影響を及ぼせる範囲を表します。

明日の会議がうまくいくか気になっているときに、幹部が想定どおりに内容を理解してくれるかどうかは関心の輪の内側にありますが、私自身がどうこうできることではない、つまり影響を及ぼせないので影響の輪の外側にある事柄だと考えます。同じ会議の心配でも、自分が説明する資料のことは影響を及ぼせるので影響の輪の内側にあると考えます。

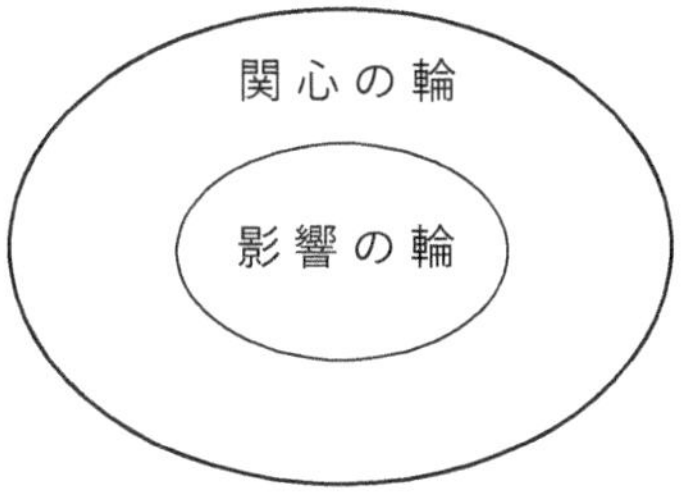

図3　関心の輪と影響の輪

また、子どもが受験で第一志望に合格できるかどうかは親として非常に気になる問題ですが、子どもが集中して勉強に取り組むかどうかは影響の輪の外側にあります。それは親の問題ではなく子どもの問題です。影響の輪の内側にあること、つまりは親として影響を及ぼせるのは、例えば一緒に暮らす家族として生活リズムを整えるとか、万が一のときのために私立高校に進学した際に必要なお金の算段をつけておくといったことでしょうか。

この考え方のポイントは、影響の輪に意識を集中して様々なことを乗り越え、自分自身が成長したり他者への影響力を増したりすることで、影響の輪は広がっていくというところです。そしていずれは、他者を変えることは難しくても、他者に何らかの影響を及ぼすことができるようになるかもしれません。

前述したチェックが細かい課長の場合で言えば、例えば日々の仕事を誠実に遂行しながら課長とのコミュニケーションを重ねることが、影響の輪に意識を集中することにあたります。その結果、課長と信頼関係を築くことができて、課長が寛容になるとともに残業が減らせるようになれば、影響の輪が広がったということです。そのためにも今、自分が影響を及ぼすことができる影響の輪の内側に集中することが有効なのです。

＊1 『アルフレッド・アドラー 人生に革命が起きる100の言葉』（小倉広、ダイヤモンド社）。小倉広さんは心理学者のエリック・バーンの言葉として紹介しているが、出典は不明。

3 上司と若手との「よき結節点」になる

ここから3つの節にわたって、職場での人間関係について考えていきたいと思います。1日8時間ほどを過ごす職場。そこでの人間関係はＱＯＬ（＝Quality of Life）、すなわち生きる時間の質に大きく影響します。

若手の頃から中堅を経て40代になると、新人の頃にお世話になったかつての上司らはいつの間にかその多くが退職しています。また、気が付くと自分より若い職員の方が多くなって、仕事を教えた後輩も増えていたりしますよね。

ゆっくりとではありますが、若手の頃と比べると確実にそして大きく変化してきた人間関係。ここからさらに20年間働き続けるにあたって、自分の中の考え方も適切に更新できているか確認してみませんか。まずは上司との人間関係から考えてみましょう。

若い頃はかわいがってもらえたけれど……

新人として採用されると、どんな職員も最初は先輩や上司が仕事のやり方を教えてくれたり、悩んでいれば話を聴いてくれたり、食事に連れて行ってくれたりしたのではないでしょうか。新しく仲間になった若手をお世話し、かわいがるのは、上司や先輩にとって喜びを感じるものです。ちょうど今、ミドル期に突入した私たちがジェネラティビティという課題に向き合っているように、当時の先輩や上司も同じように後輩の育成などに関心が強くなっていたのかもしれません。

そうやって面倒を見てもらえる時期が何年くらい続くのかは、採用時の年齢や社会人経験の有無、そして所属する組織によって変わりますが、40代になるとそういった立場から遠ざかってかなりの年月が経っているはずです。

では、今の上司や先輩は、どんなことを考えながら40代の私たちに接しているのでしょうか。

見えている景色が違う

上司や先輩が40代の職員をどのように見ているのかを考えるにあたって、上司の見ている景色のことに触れておきたいと思います。

「上司は見ている景色が違う」というのはよく言われることです。

課の職員がどんなに大事だと思って一所懸命に取り組んでいる事業でも、課長も同じように大事だと思っているとは限りません。課長からは課内のほかの事業のことも見えており、さらには首長の考えを含め全庁の様々な情報に接しています。その結果として前述した「課の職員が大事だと思って一所懸命に取り組んでいる事業」の優先順位が下がることもあります。それは課長から見えている景色と課の職員から見えている景色が違うからこそ生じるギャップです。

私自身若手の頃は、環境政策の分野で新しいことに取り組みたくて多くの企画書を課長に見せ、それが通らなければ何とか説得しようとして困らせたこともたくさんありました。皆さんの中にも似たような経験をお持ちの方がいるのではないでしょうか。

私はまだ課長ではなく係長ですが、今なら分かります。係長として部内、課内、係内のそれぞれの様子がよく見えるようになりました。持っている情報も一般の課員とは違いますし、責任を持たなければならない業務や職員の範囲も異なります。庁内全体のことや首長、幹部の考えなどにも思いを巡らせていて、それによって同じ事業でも、若手職員とは異なる視点、視野、視座を持って見ています。

これが「見えている景色が違う」ということです。この景色は、当然私と課長でも異なります。目の前の上司から見えている景色と自分が見ている景色が違っていることを理解したうえで、ミドル期にある私たちは彼らとの人間関係をどのように考えていけばいいのでしょうか。

上司から求められるものの変化

ひとつ、とても大切な材料をあげるとしたら、ミドル期になって上司から求められるものは若手の頃と比べて変化しているという点でしょう。人間関係において相手が求めるものにどう応えるかは、とても大きな要素です。求められるものが変われば、当然両者の関係性も変わります。もちろんそれを理解したうえで、期待される役割に応えないことも選べるという前提での話です。

見えている景色が違うからこそ上司は孤独です。特に管理職以上になると、同じ立場で悩んでくれる仲間が限られてきます。そこにミドル期の職員の大切な役割があるような気がするのです。

例えば、上司が様々な判断をするにあたって、こちらが壁打ちの壁の役割を担うことができますよね。もしかしたら上司自身はその有用性に気が付いていないかもしれませんが、内心では相談できる相手を常に求めているはずです。

また、これまで様々な経験をしたうえで現場に立っている年代だからこそできるのが、上司の指示や方針を、受け取る側の部下や後輩が受け取りやすいように工夫して伝える役割です。自分の指示や方針がチームの中にうまく伝わらないのは、上司にとっても、実際に業務に取り組む私たち部下の側にとっても大きなストレスです。そこで翻訳者の役割を担うことができれば、上司との間に信頼関係を築くことができます。

そうしてミドル期の職員が管理職と若手～中堅のよき結節点を務めることができれば、職場内のコミュニケーションが円滑になり、風通しのいい職場をつくることに貢献できるのではないでしょうか。私たちミドル世代が上司との人間関係を良好に保つのは、自分たちだけではなく組織にとってもいいことなのです。

反面教師にして学ぶ

さて、上司とよい人間関係を築きたいと思うからこそ私たちは悩むわけですが、上司があまり尊敬できない人物だったり、あまり仕事ができない人物だったりするとどうでしょうか。このような物差しに限らず、あまり積極的に関係性を築きたいと思えない上司もいるかもしれません。そのような上司であっても、関係性が悪くなってしまうのは互いにとって居心地もよくありません。組織にとってもマイナスです。

そのような場合は、その上司から何かを学ぼうという姿勢で接してみることをおすすめします。自分が係長・課長になることを意識して上司や先輩の言動を観察することは大切なことですし、こちらの態度や接し方も感じ悪くなることなく、よい案配の関係性が保てます。

素晴らしい上司や先輩だけではなく、反面教師からも学ぶことがたくさんあるはずです。仕事のまかせ方、承認の仕方、話の聴き方、挨拶など素材はいくらでもあります。自分がされて嫌だった言動や接し方などを憶えておいて、自分が理想とする上司や先輩になるために役立ててはいかがでしょうか。

4　部下・後輩とは「支援者」として関わる

部下や後輩の方が優秀だから

部下や後輩との関係性を考えるときに、大前提として意識したいのが「若いひとの方が優秀である」ということです。

心理療法家の河合隼雄さんは自身の著書『大人になることのむずかしさ』（岩波書店）の中で、次のような主旨のことを述べています。変化していく社会においては、《古い社会》で大人になった者（ミドル世代）が成長せずにいると、いざ社会が変化して《新しい社会》に移行したときに、その《新しい社会》で大人になった者（若手）に追いつかれてしまうと。

例えば、コロナ禍を経てオンラインでの会議やチャットツールなどが、行政の現場でも用いられるようになりました。それらを学ばないミドル世代の管理監督職は、学生時代から使いこなしてきた若い職員に使い方やマナーなどを教わったりすることになります。

私たちは新人が入職してきたり、若手が異動してきたりすると、業務について指導しますよね。忘れないようにしたいのは、今いる組織の仕組みや慣行について理解しているから指導できるのであって、決して能力が高い先輩が、能力の低い後輩に指導しているものではないということです。むしろ若手は、既存の古いルールに従うよう強いられていると考えることもできます。私たちはハンデをもらっている側であり、彼らのルールやどちらにもなじみのない新しいルールで仕事をすれば、若手の方が成果をあげるのかもしれません。

支援者として関わる

私たちミドル期の職員は、そんな若い世代とどのように関わっていくといいのでしょうか。もちろん人間関係に正解などありませんが、私は支援者として関わることをおすすめします。

若い彼らがこれからの時代において、主役として役所の文化をつくり、地域住民の幸せのために最前線で活躍していくことになります。若いひとの方が優秀であるということも加えて考えると、若い世代が力を発揮できるように支援者になることで、間接的に住民や地域に貢献できるのではないでしょうか。

元より私は、管理監督職たる者は課員・係員の支援者であるべきだ、と考えています。若手に対してストレッチゾーンのような背伸びの機会を与えて成長を促したり、評価制度の中で内省を促して学びを助けたり、仕事の進め方に悩んでいれば話を聴いて助言したり。これらはすべて働くひとのための支援の場面です。

確かに「上司・先輩」という立場にいると、指示や命令をして自分の考える方向に進めるのを「部下・後輩」に支えてもらっているような感覚になります。しかし、指示や命令すらも「若いひとたちが概ねどちらの方向に進むとよいのかを示すもの」と捉えれば、やはりそれは支援と言えるでしょう。

とりわけ私が切に感じているのは、管理監督職であっても指導担当であっても、もしくはいずれの立場でもなくても、ミドル期の私たちは部下や後輩の「キャリアの支援者」になるべきであるということです。

昨今、地方公務員においても人材の流動化が進んでいるのを感じることが多くなりました。その代表的な現象が、若手を中心とした離職者の増加です。

若手が役所を辞めていく理由は様々ですが、国家公務員を対象とした調査*1では「長時間労働等で仕事と家庭の両立が難しい」「もっと自己成長できる魅力的な仕事につきたい」のふたつが20代と30代の回答の上位となっています。「長時間労働」の実態は国家公務員と地方公務員で差があるかもしれません。しかし、「仕事と家庭の両立」や「自己成長」については、地方公務員でも若手が職場に求める要素であり、私もキャリアコンサルタントとしてご相談いただくことがあります。

同じ内閣人事局の資料では、「部下のキャリア形成や人材育成に対する支援」について管理職の25・4%が自ら「できていない」と感じているのに対して、管理職に対して「できていない」と感じている一般職員は42・4%に上り、部下から見て不足感がある様子がうかがえます[*1]。また、同じ資料の別のデータからは、離職意向の高い若手職員に対するキャリア形成支援が離職意向を抑えている傾向が見られます[*1]。職場で若手のキャリア形成支援を意識した関わり方ができるミドル期の職員が増えれば、本来辞める必要のない若手の離職は抑えられるかもしれません。少なくとも、離職云々はともかく、若手職員がいきいきと働く助けとなるのではないでしょうか。

若手のキャリア形成支援に取り組むというと、ハードルが高いと感じるかもしれません。しかし、大切なことは若手の話に耳を傾けること。そしてその際には、自分の価値観を押し付けずに若手の考え方や感じていることを一旦は受け入れることです。「若い頃は私も……」「あと何年かすれば楽になる」といった自分の経験から導き出された考えは、求められたときだけ伝えることにしましょう。そして伝える際には、一般論として伝えるのではなく、「あくまで私の場合は」と添えてあげてください。

仕事と家庭の両立や自己成長の機会の捉え方などについて一緒に考えてくれるミドル期の先輩が増えれば、どうでしょう。仮にそこで専門家のような助言が得られるわけではなくても、若手職員はきっと今いる組織に希望を見出すことになり、彼／彼女らが組織の中で前向きに働くことを後押しできるはずです。それでも何かしらの事情で管理職やミドル期の職員によるキャリア形成支援が十分にできない場合は、私のようなキャリアコンサルタントにご相談いただくのもひとつの方法です。

部下・後輩にどのように見送ってもらいたいか

突然ですが、皆さんは退職の日にどのように見送られたいですか？

数々の難しい事業を推し進めたひととしてでしょうか。それとも派手さはないけど縁の下の力持ちとして組織を支えたひとでしょうか。厳格で仕事ができたひと、面倒見がよく人材を育てたひと、職場をよい雰囲気にしていたひと、それぞれに思い描く「退職の日の自分」がありますよね。

職場から去る私たちを見送るひとたちの大半は部下や後輩です。歳を経るごとに上司や先輩は少数となり、定年まで勤めればほとんど全員が後輩になります。

その彼／彼女らにどのように見送ってもらいたいでしょうか。

それを考えることが「自分が望む部下や後輩との関係性」を理解するヒントになるはずです。

縁の下の力持ちでいたいなら、ひとが嫌がるような雑務も引き受けた方がいいかもしれません。面倒見がいいひとでいたいなら、後輩や部下の相談に耳を傾ける必要があるかもしれません。「自分が望む部下や後輩との関係性」を理解できれば、今日から職場でどのようにふるまうのがいいのか、自分なりの軸を持つことができますよね。

みんなちがって、たいへんだ

私たちミドル期の世代が後輩や部下との人間関係に悩むと、つい「〇〇世代」の特徴を理解しようとしたり、対策法を探したりしがちです。それも無意味とは言いません。

しかし、彼／彼女らは「〇〇世代」である以前に、一人ひとりが異なる特徴を持つ人間です。本章１節でご紹介した平田オリザさんは著書『わかりあえないことから』で、これからの多様性が増す社会の様子を「みんなちがって、みんないい」ではなく「みんなちがって、たいへんだ」と表現しています。そして「しかし、この『大変さ』から、目を背けてはならない」と結びます。

「〇〇世代」とくくるだけの特徴があり、攻略法があるのなら、ある意味で気持ちは楽かもしれません。「自分にはその理解が足りないんだな、きちんと攻略法を実施できていないんだな、じゃあもっとしっかり学んでしっかり取り組もう」。そう思えますから。

でも、実際には世代を丸ごとくくって理解しようとする程度の解像度では、目の前の生身の部下や後輩の個性を理解することはできません。もちろん攻略法なんてありません。ゲームのボスキャラではないのですから。

だからこそ、この章のはじめにご紹介したような「分かり合えない」という姿勢から始めることが重要なのです。「みんなちがって、たいへんだ」を前提に、「分かり合えない」というスタート地点に立てば、ミドル世代の私たちにとっても救いがあります。

分かり合えないのが当たり前だからこそ、分かり合うための努力を必要なものと認めることができます。それでもなお分かり合えなかったとしても、まさに「みんなちがって、たいへんだ」と開き直って、分かり合うための努力を重ねればいいのです。

＊１　「国家公務員の女性活躍とワークライフバランス推進のための取組指針」改正案に関するデータ集（内閣官房内閣人事局（令和３年１月））

5 あなたのためならという資産

私たちのような年代になると、仕事がスムーズに進むかどうかは人間関係の影響が大きいということを身に染みて分かっています。ほかの部署に協力してもらうために資料をつくって説明に行ったらすごく面倒くさそうな対応をされたのに、たまたま先方の課長と知り合いだった係長が話しに行ったら「○○さんの仕事なら協力させてよ」と急に前向きになってくれた――。皆さんも、この例は少し大げさかもしれませんが、組織に勤めていたら一度はこんな経験をしているのではないでしょうか。

職場において「あなたの仕事なら協力したい」と思ってもらえる人間関係は〝見えない資産〟です。これまでの公務員人生の中で形成してきたこの資産を活用することは、私たちがミドル期以降も職場に貢献し続けるためにとても大切な要素です。

実は説明を聴く前に決めている

ほかの部署の仲のいい同期から「○○さん、ちょっとお願いがあるんですけど」と相談を受けることがありますよね。相手は仲のいい同期ですから、自然と「何とかしてあげたいな」という気持ちで説明を聴くことが多いのではないでしょうか。そして、実際に説明を聴きながら、いくつか課題には気付きながらも、それらの課題に対して「どうしたら解決できるか」という方向に思考が進んでいくでしょう。もちろん、どう考えても協力できないような無理なお願いではないことが前提です。

一方、まったく親しくない他部署の職員から同じようなことをお願いされたらどうでしょうか。仕事ですから、本当に協力すべきことなら最終的には協力することになるでしょう。しかし、例えば目の前の仕事が立て込んでいたり、自分たちの部署にとってのメリットが分からないとしたら？　最初は心のどこかで「仕事は増やしたくないんだけどな」「協力すべきなのだろうか」といったことが浮かぶひとが多いのではないでしょうか。結果として「どうしたら（穏便に）断れるか」という思考になり、冒頭でご紹介したような「面倒くさそうな対応」になったりします。

ひとは私たちが思っている以上に感情に左右される生き物です。併せて、私たちは様々なバイアス（先入観）の影響を受けながら物事を判断しています。仲のいい同期なら個人的な信頼関係もあるでしょう。過去に何かの仕事で協力して、いい関係で成果につながった経験があれば互いに「今回もきっと大丈夫だろう」というバイアスがかかるかもしれません。逆に、関係性のない相手を前に「どうしたら断れるか」という気持ちが湧き上がれば、相手の説明の中から、協力しないことの正当性を支持する情報を集めようとします。これもバイアスの働きです。脳は、相手の「やり方は柔軟に検討できる」という言葉は採用せず、「予算編成までに終える必要がある」という言葉だけを採用しようとします。その言葉が協力しないという判断を後押ししてくれるからです。どんなに正しい説明を聞いても、説明の中から「協力しない」と判断する材料だけを脳が集めようとするのです。

これらはすべて、誰からの頼みごとなのかというところから始まっています。内容について説明を聞く前に、「どうしたら解決できるか」と考えるか「どうしたら断れるか」と考えるかは、既に決まっていると言えるでしょう。

庁内散歩で定期的に顔を見せておく

職員として20年以上勤めていると、お互いに「このひとの頼みなら何とかしたい」と思える相手が思い浮かぶのではないでしょうか。この人間関係は、中堅以上だからこその資産であり、大いに活用すべきです。特に若手が多い部署では、ひとのつながりによる調整もミドル世代に期待される役割です。

この資産を皆さんはどのようにメンテナンスしていますか。

実は、私は人間関係を適切に維持・管理をすることが苦手です。好きな「作業」に没頭しているのは楽しいのですが、まめに連絡をとったり、集まりに出かけていくのはものすごく面倒に感じます。そうやって自分の空間にこもっていて、いつの間にか疎遠になってしまったひとがたくさんいます。

そんな私でも、ひとつだけ心がけていることがあります。それは庁内散歩です。私がまだ30代の頃、庁内の様々な部署と関わる業務を担当しているときに、当時お世話になった上司から教わった習慣です。さいたま市役所の本庁舎は11階建てなのですが、その上司は業務の合間に11階から1階まで各フロアを順番に歩いて、顔見知りの職員を見つけては声をかけていたそうです。私もそれを参考に、仕事で本庁舎に行ったときは以前仕事で関わったひとや同期などを見つけて、仕事の邪魔にならないように声をかけています。また、区役所などほかの庁舎に行けば、知り合いを探すことが習慣になっています。

庁内散歩がほかの方法と比べて特別に効果的なわけではありません。私が勤めるさいたま市役所は職員の数が多いのでこのような形で声をかける意味がありますが、職員の数がそれほど多くない組織では知り合いばかりでしょうから、同じ方法は意味をなさないでしょう。方法はひとそれぞれ。昼休みを使ってもいいでしょうし、食事など職場の外での時間を有効に使うのもひとつの方法です。中には庁内の勉強会や部活動などが、定期的に顔を合わせる機会となっているひともいます。重要なのは、一度つながりができたひとと定期的に顔を見せて言葉を交わしておくことです。

新しい関係づくりもあきらめない

ここまでの内容は、40代以上の職員であれば仕事で協力し合える個人的な人間関係の資産を持っていることを前提にお伝えしました。ただし、実際には私たちの世代でも様々な事情があって、それほど人間関係が築けていない場合もあるかもしれません。特に30代以降に中途採用されたひとは、新卒で採用された同世代と同じような人間関係は持ち得ません。その場合はどうしたらいいのでしょうか。

中途採用であってもそうでなくても、またミドル期以降の世代でも、組織内でお互いに「○○さんの仕事なら協力させてよ」と言える人間関係を新たに築くことは、特別難しいことではありません。私たちは毎日、同じ職場のひとたちと協力しながら仕事をしていますよね。まずは目の前のひとたちと、仲間と認め合えるように、一つひとつの仕事を誠実に遂行していくことです。飲み会や遊びの場など業務外で築いたつながりも有効ですが、苦しい仕事に一緒に向き合い、互いに助け合った関係は強い資産になります。そうやって仲間だと思えるようになった同じ職場のひとたちとも、いずれは人事異動で離れ離れになります。そうしたらそのひとたちが、庁内の別の部署にいる仲間になります。そして再び、目の前のひとたちとの人間関係を築いていく。その繰り返しです。

ミドル期になっても、目の前のひとたちと仲間になっては離れ、庁内につながりが広がっていくこのサイクルは続きます。心がけて維持できるつながりもある一方で消えていくつながりもありますし、新しく築かれるつながりもあります。そうやって新陳代謝を繰り返しながら、資産としての人間関係を育み、仕事に活かしていくのも40代以降の働き方の面白さかもしれませんね。

6 パートナーのキャリアを支援する

反抗期の子どもたち、老後をともに過ごすパートナーとの関係性、学生時代のようにはいかない友人関係——。人間関係に様々な課題があるのは職場だけではありません。中高年の人間関係の課題について、ここまでは主に職場の人間関係について考えてきましたが、ここから家族、特にパートナーや子どもとの関係性について考えてみたいと思います。

パートナーがいることが当たり前でもなく、いいとか悪いとか評価するようなものではありませんが、この節はパートナーがいるひとに向けた内容となることをお許しください。プライベートの人間関係の中で、大変さという意味でも大切にしたいという意味でも、多くのひとが真っ先に思い浮かべるのはパートナーとの関係性だと思うのです。

パートナーと新しいチームになる

皆さんは、老後など将来に向けてパートナーと一緒に考えなければいけないと思いつつ、なかなか大事なことを話す機会をつくれずにいたりしませんか。もしくは、長年一緒に過ごす中でパートナーとの間で解決しないまま保留にしてきた課題が、最近になって表に現れてきたりしていませんか。

私たちが直面している中年の危機には、パートナーと協働で向き合う必要があります。

自分の子どもが、ケアされる対象から「家族」というコミュニティを一緒に運営する仲間へと家族の中での立場が変わっていくと、親が子育てにかける時間や労力は徐々に小さくなっていきます。これまでパートナーと自分が仕事と子育ての二本柱を重視してきたチームだったのなら、このタイミングで、80代、90代まで見据えた互いのキャリアづくりに取り組むチームへと転換させていくことをおすすめしたいのです。

「人生１００年時代」においては、ひとつの組織で定年退職まで働き続けるのではなく、転職をしたり、休業して大学院に行くなど学び直しに取り組んだうえで新しく専門的な仕事に就いたりすることが珍しいことではなくなります。いわゆる「教育」「就労」「引退」の3ステージモデルから、マルチステージモデルへの転換です[*1]。これは公務員も例外ではありません。65歳で定年退職した後も、10年は別の仕事に就くことが想定されますし、必要であれば学び直しのために休業したり、パラレルキャリアで公務員以外の活動に取り組むこともあり得ます。

そのようなキャリア形成を見据えて、40代になりふたりが同時に中年の危機に突入する世帯では、「本当にやりたいことって何だろう」「引退した後はどんなふうに暮らしたいのだろう」と自分とパートナーが望む生き方を見つめ直し、今後のふたりのキャリアについてすり合わせる必要があります。

もしかしたらパートナーはより柔軟な働き方を求めて3年以内に転職したいと考えているかもしれませんし、公務員である私たち自身もそろそろ専門的な学びのために社会人大学院に通いたくなるかもしれません。その際に、どちらか一方が自分のキャリアを諦めてもう一方のキャリアを優先するような「犠牲のキャリア」を選択するのか、ふたりが互いに迷惑をかけない範囲で「我慢のキャリア」を選択するのか、それとも新しいチームとして協働して互いの「新しいキャリア」を創造していけるのか、ふたりの関係性によって将来は大きく変わってきます。

伝えることからしか始まらない

パートナーと互いのキャリア形成で協働できるチームになるためには、今まで伝えてこなかった「やりたいこと」や想いを伝える必要があります。本章1節でご紹介した「分かり合えない」から始めるという人間関係の原則は、特にパートナーとの関係において重要なヒントとなります。

これは私自身自戒を込めてお伝えするのですが、長年連れ添ったパートナーとの間に「言わなくても分かり合えている」と思い込んでいるようなものごとはないでしょうか。家事のこと、お金のこと、子どものこと、そして夫婦の将来のことを「私はこう思っているよ」「そうなんだね」と口に出してお互いの考えを認め合えているでしょうか。

確かに、日常の繰り返しの中で非日常の大切なことを言い出すのはとても勇気が要ります。仕事にも子育てにも取り組みながら、そういった会話のための時間をつくるのも大変です。

しかし、今は中年の危機の真っ只中ですから、平常モードではなく有事モードに切り替えましょう。どうしても言い出しにくければ、何かの節目を利用してみるのもひとつの方法かもしれません。

例えば、子どもが進学するタイミングであれば、学費や仕送りの関係で家計全体を見直したり、通学の関係で生活リズムが変わることもあるはずです。そのタイミングでパートナーと、「春からは○○だけどさ……」などと切り出して、話をする機会を設けることはできないでしょうか。ほかにも自分やパートナーの異動や昇任だったり、親の定年退職や健康上の変化など、意識していればきっかけにできる節目は色々と見つかります。

いずれにしても、定年間際に「実は定年したら起業したいんだ」と言い出して、反対するパートナーを必死に説得して退職金を開業資金につぎこんだものの経営がうまくいかず、夫婦の老後が非常に困難なものになるといったシナリオは避けたいところです。そのためにも、今後のふたりのキャリアについて、大切なことを伝え合うことから逃げ続けることはできないのです。

互いのキャリアの支援者になる

パートナーとの関係性は非常に個別性の強い課題であり、いくら私がキャリアコンサルタントだと言っても、パートナーと協働でキャリアをつくる方法の「正解」をお伝えできるわけではありません。大切なのは、どんなふたりにも「正解」なんてないことを理解し、どんな選択をしてもそれをふたりで正解にしていこうと覚悟を決めることです。そしてふたりで正解にしていくために、各々が自分がどう生きたいのかを理解し、相手にそれをしっかりと伝え、互いに相手のキャリアの支援者になることが大切です。

例えば、パートナーが専業主婦（主夫）の場合、公務員である自分のキャリアの都合をパートナーに受け容れてもらう関係になりがちではないでしょうか。家事や子どもの学校の用事の多くをパートナーに任せ、自分は公務員としての仕事とだけ向き合う毎日。

でも、もしかしたらパートナーも自分のキャリアについて考えていることがあるかもしれません。それを毎日働いている私たちに言い出せずにいることがある場合があります。専業主婦（主夫）が悪いわけではありませんが、フルタイムの仕事から離れている期間が長ければ、再び仕事をし始める際に就職先が見つかりにくかったり、できる仕事が制限されるリスクが高まります。

何より、公務員として働いている私たちが病気などで働けなくなったときに、家庭全体が大きなリスクにさらされます。

もちろん専業主婦（主夫）もキャリアの空白ではありません。ただ、いざというときに自分ひとりで生きていける力をパートナーから奪う結果になれば、繰り返しになりますが家族もリスクを背負うことになります。リスクだけではなく、パートナーが専業主婦（主夫）であれば、公務員である自分が一時的に職を離れて学び直したり、転職活動をしたりすることも難しくなり、結果的に自分自身のキャリアの選択肢を狭めることにもなります。4章末のインタビューで元静岡市職員の佐々木幸雄さんはご自身が家事や育児を担うことでパートナーのキャリアを支えてきた面があり、それが互いのキャリアの選択肢を認め合える関係性をつくり、ご自身の独立の後押しとなったと語っています。

だからこそ、パートナーと自分自身がいざというときにひとりでも生きていけるようにキャリア自立を実現していることが大切です。それが、家族としてのキャリアのレジリエンス（強靭さ）につながります。そのためにも雇用の面で安定している公務員の私たちの方が積極的にパートナーのキャリアの支援者になることが大切なのです。

＊1　『ＬＩＦＥ ＳＨＩＦＴ　１００年時代の人生戦略』（リンダ・グラットン、アンドリュー・スコット、東洋経済新報社）

7　子どもの人生は子どものもの

ミドル期になって私たちが迎える「中年の危機」には、自分自身のアイデンティティの危機だけではなく、家族の変化という要素も難しい課題として立ちはだかります。

その家族の変化のうち、ここでは子どもの変化と子どもとの関係性について考えてみたいと思います。

私は子育ての専門家ではありません。学校教育についてはすべての大人が評論家になるように、私が子育てや子どもとの関係性についてお伝えすることもサンプル「1」の当事者としての経験に基づくものであるという限界を超えられません。

それでも、現在進行形の部分も含めて経験してきたことの中から、子どもとの関係性について、特に思春期から青年期に差し掛かる子どもを想定して、皆さんと考えてみたいと思います。

子どもとともに成長する

浦和の総合病院で長女が生まれるまで20時間待った朝の疲労感も、東日本大震災から2週間後に妻の実家のある仙台で次女が生まれた朝の不安と安堵の感覚も、どちらもよく憶えています。子どもが生まれ、家族に迎え入れたとき喜びとともに責任や不安など、様々な感情を抱きますよね。親である皆さんは、どのように憶えているでしょうか。

子どもとの関係性で一番に思い出したいのは「お互いさま」のことです。

私たちは、子どもが寝返りをし、「ママ」「パパ」と発話し、幼稚園・保育園で友だちができ、小学校で走る姿を見て、その成長を喜びます。親として、この子の成長を助けていくことが自分の役割だと強く感じるようになります。そしていつしか、子どもの成長のためならと自らの好きなこと・やりたいことを我慢し、自分を犠牲にすることを当たり前だと感じることもあります。

子を想う気持ちは素敵なことですが、それがいつしか「あんなに犠牲にしてきたのに」と変容すると、話は変わってきます。子どものために何かを我慢することも犠牲にすることも否定はしませんが、子どもの成長の裏側には、どんなに犠牲を払ったとしても、既に受け取っているものがあることを忘れないようにしたいのです。

例えば、私たちが受け取っているもののひとつが親自身の成長です。このことは発達心理学では、〝子どもが大人によって成長を促されると同時に、同じ重みづけを持って、子どもは大人を成長させるという関係が成り立っている〟[*1]と言われています。

親自身の成長だけではなく、楽しい思い出も喜びもそうです。「見返りもない中でこんなにやってあげた」のではなく、親である私たちの側も十分に受け取ってきました。毎日が必死だった幼少期の頃には、そんなきれいごとは何の役にも立たなかったかもしれません。それでも、子どもが思春期から青年期に差しかかり、親子の関係性が変化するこのタイミングならまた違った意味を見出せるのではないでしょうか。

子どもは親よりも弱く劣る者ではない

また、親の立場での子どもとの関係性は、与える／受け取るという意味に留まらず、私は広い範囲で対等な立場だと意識するように心がけています。

それを敢えて言葉にすれば「優れている大人と劣っている子ども」という関係性ではなく、「互いに異なることを経験し、異なることができる人間同士」という関係性です。

実際、小学校に通うようになれば親の知らない人間関係が広がりますし、学校のことも親より子どもの方がよく知っています。テレビを観ない私の芸能関係の情報源は次女ですし、世界遺産や語学の知識は長女には敵いません。地域でファシリテーター講座を修了した娘たちは、スタッフとして講座を手伝ったり市民ワークショップでファシリテーターを務めますが、ワークショップデザイナーとして活動する私にもできない場づくりをしています。このような分かりやすい知識やスキルじゃなくても、親とは異なる感覚や価値観を持つ子どもたちは、やはり親とは異なる対等なひとりの人間なのです。

そのため、親の言うことを聞く／聞かないという感覚はありません。あるのは「どうしたいの？」「(親が) 何か力になれることはある？」といった問いかけです。親と言えどもできないことはできませんし、彼女らが自分でできること、やるべきことなら手出しはしません。

子どもとの関係性では、子どもの課題を自分の課題であるかのように向き合って口も手も出してしまうことが、親も子も苦しめているようなケースを聞きます。そんなんじゃいい学校に合格できないとか、どうしたらいい会社に就職できるんですかとか。

我が家では「子どもの人生は子どものもの」と考えているので、勉強をしなさいと言うこともありません。習いごとも親が決めたりしませんし、受験生の長女の志望校も本人任せです。それはあくまで子どもたちの課題だからです。

親は親の課題と向き合いましょう。子どもと対等なひとりの人間として向き合って親と子どもの課題を区別できると、親と子どもとの関係性で苦しむことがもっと少なくなる気がします。

「反抗期」という名づけの罪

この世代の子育て中の家庭では、反抗期に関する悩みもよく聞きます。親の言うことにいちいち反抗的な態度をとる。親とのコミュニケーションをとろうとしない。そんな親の嘆きをネット上では目にすることがあります。

そんなときどうすればいいのか。実は、我が家の子どもたちには、親の私たちから見る限りで反抗期と呼べるような状態が見られないため、有効な知恵をお伝えできません。

ただし、我が家でも子どもたちが親の言うことに対して、否定したり自分の考えを主張したりすることが多くなってきたなという感覚はあります。これは「反抗」期なのでしょうか？

2歳頃の第一反抗期（いわゆるイヤイヤ期）に対して、10代の反抗期は第二反抗期と呼びます。これは子どもの中に自立した心（自我）が育ってきて、自分なりの考え方を持ち自分で判断しようとする結果として、親の考えや言葉との衝突が多くなる時期のことです。子どもたちの中にあるのは、「親を何とかして困らせてやろう」ということではなく、「（親はこう言っているけど）私はこうしたいんだよな」です。これを「反抗」と捉えるのは、あくまで親の側の都合ですよね。

子どもは親の言うことに従い、親のコントロールする範囲内で行動するものという考えがあると、親とは異なる考えを示すことを「親に逆らう＝反抗」と考えたくなります。しかし、そもそも子どもは対等なひとりの人間だと考えれば、親と異なる考えを示すのは当たり前であり、尊重されるべきことです。子どもが親に対して異なる考えを示したとき、「何か彼／彼女なりの考えや事情があるんだろうな」

と受け止めるところから、対話が始まります。

親の言うことに子どもが異なる考えを示すと「反抗」していると捉えてしまいがちなのは、「反抗期」という名前がついていることも影響しているかもしれません。先入観なく受け止めれば、彼／彼女が口にしているのは単純に子どもとしての意思の表出であり、それが自分の考えと異なるということで「反抗」と評価しているのは親の都合なのではないでしょうか。

子どもとともに家族を経営する

子どもと対等な立場で向き合い、親と異なる意思も尊重できるのであれば、子どもも家族の経営者のひとりとして経営に参画してもらってもいいかもしれません。

経営に参画するというと大げさに聴こえるかもしれませんが、例えば旅行に行く際に親が決めた行程で子どもを連れて行くのではなく、子どももその決定に加わるようなことでもいいと思います。ほかにも、日々の家の中でのルールをつくる／変える、家族の変化に応じて住み替えを検討する、大学進学の費用を家計と本人で分担する、親の働き方の変化に合わせて家庭内での役割分担を変えるなど、家族の経営に参画してもらう場面はいくらでもあります。

西村和雄特命教授（神戸大学）と八木匡教授（同志社大学）が行った研究*2によると、ひとの幸福感には所得や学歴よりも、人生の選択においていかに自分自身で決定してきたかが強い影響を及ぼしているそうです。

それが本当なら、子ども自身の意思を尊重し自ら選択する機会を親が邪魔しないこと、そして、家族という場でも様々な決定に関わってもらうことは、子どもが将来幸せを感じられる助けになるかもしれません。たとえ、そのこと自体の影響は小さかったとしても、ひととして尊重されたという記憶は、その後の親子の関係に長く影響を及ぼすと思うのです。

＊1　『エピソードでつかむ生涯発達心理学』（岡本祐子、深瀬裕子編著、ミネルヴァ書房）

＊2　「幸福感と自己決定－日本における実証研究」（西村和雄、八木匡、2018年）

《インタビュー③》

我慢しない。「ぱっとしない」を受け入れる〜矢嶋直美さん

インタビュー3人目は、埼玉県の矢嶋直美さん（52歳）からお話をお聴きしました。

《プロフィール》やじま・なおみ
埼玉県職員。用地買収や公害規制の現場業務から、女性やシニアの就業支援、男女共同参画や性の多様性に関する企画業務などに従事。サードプレイスでは、Webメディアなどで40人超の公務員や元公務員にインタビュー。

職場での立ち位置を見失う

――矢嶋さんにとって「中年の危機」はどんな形で訪れたのでしょうか。

30代は不妊治療と出産・子育てを優先していました。育休は長男と次男とで合計3年間取得して、長男が保育園の間は部分休業も活用しました。その後、長男が小学生になるときに自ら希望した部署に異動できたのですが、子育てと仕事に追われる毎日でした。

職場の上司や同僚の協力を得ながら、子どもが小学生の間は残業する日は週1日と決めて、その日は親に来てもらい、深夜まで残業し、ほかの日は定時退庁するという時間制約のある働き方をしていました。

そんな中、同期がどんどん昇任していくのを見るわけですね。一方の私はいつまでも係長で、職場での立ち位置を見失うようになりました。組織は自分をどう処遇するつもりなのだろうか。このまま一担当者として年齢を重ねることになるのか。とはいえ、マネジメントの自信もなく管理職をやれと言われても困るという状況です。

当時の私は、１００歳まで元気な「百寿者」を本気で目指していましたので、定年後も85歳まで働き続けたいと考えていました。公務員というキャリアでは、そのために必要な専門性や能力を築けている気がまったくせず、定年後の人生に不安を感じていました。「仮に65歳まで公務員として働いたとして、それから20年、私にどんな仕事ができるのだろうか」と。

これが私にとっての中年の危機でした。

まずは情報収集して実践する

――そういう状況で、どうやって対処していこうとされたのですか。

私は、人生の困難にぶつかったときにはいつも、「本」や「ひと」から学ぶようにしているんです。まずは読んだり話を聴いたりすることで情報をインプットして、仕入れた解決策を試しながら実践する。そうやっていつも対処してきました。

私にとって中年の危機の時期は、主に定年後の生き方について不安が大きかったんですね。だから、地域でひととのつながりなど「無形資産」を築いている公務員や元公務員の皆さんのお話を、お聴きしたいと思いました。いかに無形資産を築くかが、私が85歳まで働き続けるポイントになると考えていたので。たまたま「まんなかタイムス」というWebメディアでライターをさせていただいていたので、私が気になる皆さんにインタビューをしてその内容を記事にして公開することにしました。

公務員という仕事から逃げないで向き合う

――公務員・元公務員にインタビューをしてみて、いかがでしたか。

当初の狙いは、お話をお聴きすることで、私自身も地域での活動などで無形資産を築くヒントを得ることでした。しかし、実際にインタビューをしてみると、公務員としての仕事の話になるんですよね。仕事外の経験の話をしているはずが、そのきっかけやその後の関わりで公務員の仕事の話になったり。例えば、部下へのよりよい関わり方について考える中でコーチングを学び、そのスキルで独立したひとがいたり。仕事の経験から大学教授や議員になったひともいました。仕事と仕事外の活動はどこかで交わって、お互いに影響しているのだというのが私なりの結論です。

結局のところ、公務員の仕事の経験で無駄はないことや、公務員の仕事を通して培える能力があること、そして何よりしっかり無形資産を築いている方は仕事とも真正面で向き合っていることに、気付くことができました。それは私にとって大きな学びでした。おかげさまで公務員を続けている限り、まずは公務員という仕事から逃げないで向き合わなければという覚悟ができました。

――そんな矢嶋さんも、地域での活動や様々なコミュニティの活動に取り組んでいますよね。

私は異動希望を出すと比較的それが叶って、やりたい仕事もやらせてもらってきた気がするのですが、どんなにやりたかった仕事でも必ず定期的に異動して手放すことになります。しかし、仕事外の活動であれば、やりたいことをずっと続けられます。また、仕事で求められる立場と違う形で関わることができることや、自分が一緒にいて心地よいと思うひとだけと組んで取り組めることも、大きな魅力ですね。

実は仕事にもいい影響はあると思っていて、例えば子育てと仕事と地域と同時並行で関わることでマルチタスクを学べましたが、これは管理職として必要な力だったなと思います。

――先ほどの公務員のインタビューも仕事外の活動のひとつでしたよね。

そうですね。「まんなかタイムス」でのライターはもちろん仕事外の活動です。元々は地域でのつながりから、メディア発足時にライターとして誘っていただいて、記事を書かせてもらうようになりました。仕事外の活動があったから、インタビューをすることもできて、中年の危機を乗り越えるための仕事との向き合い方や覚悟につながったところはあります。また、島田さんとも一緒に運営した、女性公務員のための「リーダーシップ&マネジメント実践ゼミ」でも仕事に直結する学びを多くいただきました。ただ、仕事外の地域活動やコミュニティづくりは、あくまで私自身が楽しくて取り組んでいるものです。別に中年の危機を乗り越えるためとか、仕事で活かすためといった意識ではないのです。

死に向かって、後悔しない生き方を

――中年の危機を乗り越えるために、意識して取り組んできたことはありますか。

ひとつは仕事のことです。職場ではやりたいことに自ら手を上げて、自分のキャリアをコントロールすることを意識してきました。職場でも積極的に自分の興味関心のあることを表明しますし、自己申告で異動希望を伝えたり、庁内公募があれば応募したり。これまで叶ったり叶わなかったりですが、諦めないこと。いずれにしても負けはないのですから。

もうひとつは身体のことです。ミドル期は身体が毎日健やかであることが最優先です。そのために「野口体操」という体操に取り組んで、身体と向き合うことを習慣にしています。「野口体操」は、身体の力を抜き重さに任せることによって生まれる、ゆらゆらと揺れる気持ちのいい動きを基本とする体操です。仕事でも地域活動でも没頭すると体調を崩してしまうことがあるのですが、身体をコントロールできている感覚が掴めたことで、自分の身体の調子を把握して早めに対処できるようになりました。それから、毎日の隙間時間で体操と呼吸とウォーキングに取り組むようにしています。

——中年の危機を乗り越えて、今はどんなことを考えていますか。

何よりまず思うのは、今死んでも後悔しないはずということ。そのために今が一番楽しいと思えるように生きていくことだと思っています。具体的にはやりたいことを我慢せずに、とりあえずできるやり方で、仲間と一緒にやってみることです。

ちなみに少し前までは中年の危機や定年後の生き方が私のテーマでしたが、今のテーマは「老いと死」です。

——「老いと死」ですか。

はい。元々「百寿者」といって、１００歳まで元気にいきいきと生きていく「百寿者」になるためにはというのが、中年の危機の真っ只中にいた私のテーマでした。そのために定年後の働き方を探求しました。今は、それについては大丈夫かなと思えるようになってきたので、次はさらにその先にある「老いていくカラダへの養生」が気になっています。

——改めて、矢嶋さんにとって中年の危機は、どういう時期だったのでしょうか。

私にとっては「死に向かって、後悔しない生き方にシフトチェンジする時期」だったのだと思います。成功や上昇という他者評価を気にしていたそれまでの人生から、自分評価で心地よく生きる人生への切り替えの時期でした。

それはつまるところ、Ｗｅｂメディア「まんなかタイムス」のテーマでもある「ぱっとしない」を受け入れることができるかどうか。それを受け入れられれば、中年は危機ではなくなる気がします。成長しなきゃとか他者の評価を気にして生きてきたわけですが、中年の私たちはみんなそこそこに過ぎないわけです。「ぱっとしないけど、キラキラじゃないけど、そこそこ自分の人生っていいもんだったよね」。そんなことを思って自分の心と身体に耳をすまし、誰よりも自分を慈しみながら生きたいと思っています。

確かに仕事も大変で葛藤もあったのは事実ですが、その期間ずっと危機的で暗い気持ちだった訳ではなく、仕事や仕事以外でも楽しいことや嬉しいこともたくさんあったなぁと思い出すんです。中年の「危機」という表現からどうしてもピンチを想像しがちですが、危機である以上に転換期なんですよね。決して悪いことばかりの時期ではありません。

先日、たまたま今日の話の頃の家族旅行のビデオを見ていたのですが、子どもたちと楽しそうに笑う自分がそこにいましたから。

第4章

人生後半を豊かにする地域・社会とのつながり

1 地域とのつながりはありますか？

本書ではミドル期の公務員が迎える「中年の危機」の乗り越え方をテーマに、2章で仕事、3章で人間関係との向き合い方をそれぞれ考えてきました。この4章では、ミドル期に差し掛かった公務員として地域・社会とどのように関わっていくのか、人生後半に向けたキャリア形成の観点も交えて考えてみたいと思います。

まずは地域との関わりから。

なぜ地域との関わりが大切か

「定年退職後は地域で過ごす時間が長くなるので、50代から徐々に地域に関わるようにしましょう」。50代を対象にした、定年退職に向けたライフプランなどを考える研修などでまま言われることです。自治体によっては50代の地域住民を対象に、仕事だけではなく地域でのボランティア活動の紹介などをしているところもあります。私が勤めるさいたま市役所でも、「り・とらいふ（セカンドライフ支援センター）」という機関をつくり、50歳以上の住民を対象にセカンドライフにおける社会参加の支援としてボランティア、就労、生涯学習等の活動に関する相談に乗ったり、関連する情報を提供したりしています。

行政がこのような支援に取り組むのにはちゃんとした目的があります。その目的とは、やや抽象的な表現かもしれませんが、現役時代に職場中心の生活を送っていた住民が、定年退職後にスムーズに地域に帰ってこられるようにすることです。

例えば、私が住む埼玉県には電車に乗って東京都に働きに行く労働者、いわゆる「埼玉都民」が多くいます。毎日1時間ほど電車に揺られて職場のある東京まで行き、夜、仕事が終わると自宅のある埼玉に帰ってくる日々。どうしても地域に関わる時間は限られ、地域での居場所もひととのつながりもないまま歳をとっていきます。生活の大半の時間を職場で過ごすので、それでも困ることはありません。

ところが定年退職後は、一転して生活のほとんどの時間を地域で過ごすことになります。地域でのつながりを持たず、そのつながりのつくり方も知らない元埼玉都民は、地域で何をして過ごしたらいいのか分かりません。地域に居場所もつながりもないため、その楽しさもやりがいも見出すことができないのです。楽しい毎日を過ごせないだけならまだ本人の問題で収まります。しかし、例えばパートナーとの死別をきっかけに地域の中で孤立して、困難な状況になっても公助や共助の枠組みとつながれず、福祉などの面で行政として踏み込んだ対応が必要なケースになることがあります。

もちろんこれは埼玉県に限った問題ではありません。地域によって程度の差こそあれ、全国で共通の問題のはずです。だからこそ国は孤独・孤立対策推進法という法律までつくり、内閣府に孤独・孤立対策推進室をつくって取り組み始めています。これが本人だけの問題に留まらず、地域が抱える問題となり行政としてはリスクになるからです。

また、男女雇用機会均等法が施行された１９８６年から40年が経とうとしています。均等法第一世代の女性が60歳となり、そろそろ定年退職を迎えます。私の母は、女手一つで私と妹を育てるため、いくつか職を変えながら70歳まで働きました（母には本当に感謝しかありません）。そんな母が定年退職後、しきりに「地元で誰かと交流できる場に参加したい」と話しています。職場は住まいの隣の市なので決して遠方ではなかったのですが、それでも地域でつながりを持てないまま定年退職を迎えました。これまでは定年退職を迎えた住民と地域の関わり方の問題といえば専ら男性がイメージされました。それが、今後は女性でも同じような境遇の退職者が地域に増えると言われており、問題の全体像はますます多様で複雑になりそうです。

地域のために長年働いてきた地方公務員が定年退職を迎えて地域の問題の原因となるなんて、正直言って笑えないジョークでしかありません。何よりその当事者、つまりはこれからその年代に突入するミドル期の私たち自身にとってもどうにか避けたい事態です。

定年退職後にしっかりと地域と関わり、居場所もひととのつながりも持てるようにしましょう。本書では定年退職の直前になって慌てるのではなく、40代の頃からできることをお伝えして、できることから取り組むことをご提案します。

地域とつながる3つのチャンス

では、定年退職後も地域に迷惑をかけず、地域で楽しく充実した暮らしをするために、私たちはどのように地域へと出ていけばいいのでしょうか。地域とつながるのがいいことなのは分かっていても、具体的にどうしたらいいのか分からないというひともいますよね。

皆さんは自治会の活動に参加したことはありますか？　積極的に関わらなければ、たまに回ってくる回覧板にサッと目を通し、年に何回か回ってくる当番（防犯のための見回りや、リサイクルできる資源の収集など）のときにお手伝いするだけの仕組みですよね。今の我が家もそんな状態です。

では、お子さんの通う学校のＰＴＡやおやじの会はどうでしょうか？　ＰＴＡは参加する立場からはあまりいい評判は聞きませんが、うちの妻は楽しんで役割を引き受けたりしています。私はおやじの会で地域のお父さんたちと学校の施設のペンキを塗ったり、運動会のときに駐輪場で自転車を並べたりしています。そのあとの飲み会が目当てなのですが。

それ以外にも様々な地域の活動がありますが、皆さんが身近に感じられる地域の活動にはどんなものがあるでしょうか。

ここでは、地域への関わり方を3つに区分して考えてみます。

①地縁からつながる（町内会、自治会など）
②子ども（家族）の縁からつながる（PTA、おやじの会など）
③関心の縁からつながる（ボランティアやサークルなど）

ちなみに出身地にそのまま住んでいるのであれば「学生時代の縁」などもあるかもしれませんが、どうしても食事をしておしゃべりをしてといった集まり方になりがちです。特定の目的や活動がなくても集まれるのは考え方によってはいい面もあります。しかし、楽しさだけではなくやりがいも求めるのなら、①～③のように何かしらの活動の場に参加するのがおすすめです。どちらの方がいいということではなく、自分が求める場を選ぶ、もしくは両方の場にバランスよく参加したらいいのではないでしょうか。

何もないところから「地域で何をしたらいいか」と考えるのは難しいかもしれませんが、①～③といった選択肢があれば具体的な行動もイメージしやすくなります。

①の町内会や自治会であれば、担い手不足のところが多いでしょうから、会合に積極的に参加したり、何かしらの役割の募集の際に手を挙げれば、大概は喜んで受け入れてくれるでしょう。もしかしたらほかの参加者との年齢のギャップがあるかもしれませんが、その中でも楽しめるなら、地域に貢献ができるうえに歳を重ねても続いていく人間関係が得られます。

②のPTAやおやじの会も①と似たような状況で、新しい担い手は歓迎されるはず。近い世代の友人をつくることができるうえに、学校の様々な情報が得られたり子育てについて話せるのは魅力です。一方で、子どもの学齢によって参加できる時期が限られることや、学校の支援という範囲の中でどのように楽しむかといった課題はあります。

③の場合はどうでしょう。ボランティアは地域の社会福祉協議会や役所が拠点となって募集していますし、サークルは最寄りの公民館などで仲間を募集する掲示をチェックしてみると、様々なサークルが活動しているのを知ることができます。最近ではインターネットやSNSなども、地域の情報を集める有力なツールになっています。

本章7節で詳しくお伝えしますが、ボランティア団体やサークルについては自分で立ち上げるという方法もおすすめです。

地域デビューしたいけれど何をしたらいいか分からないという場合は、この3つの区分を軸に地域での活動を始めるきっかけを探してみてください。

またこの章の4節や5節では公務員からの転職や独立のことも触れますが、単に仲良くなるだけではなく、こうした仕事とは関係ないところで築いた人間関係が後のキャリア形成に影響を及ぼすこともあります。そのような視点も持つと、地域での活動にまた違った意味を感じることができそうです。

2　40歳を越えたら地域デビューを意識しよう

前節では定年退職後に、地域で孤立してしまうなど地域の問題の原因にならないように、また楽しく充実した生活を送るために地域とつながることの大切さをお伝えしました。この項では、さらに地域での活動を始めるタイミングについて考えてみたいと思います。

地域に飛び出さなくてもいい

前節から地域で活動することの大切さをお伝えしていますが、実は私は、「市役所職員は地域に飛び出した方がいい」といった業界内の雰囲気に、どこか窮屈さを感じています。「地域に飛び出しているひとはすごい」「地方公務員の鑑」といった論調からは、ちょっと距離を取りたいと思っていて、２０２０年に若手~中堅向けに書いた『公務員の働き方デザイン』（学陽書房）の中でも「飛び出さなくてもいい」とお伝えしています。

それは、同じ地方公務員と言えども部署や担当する業務、家族のことなど、ひとによって一人ひとり状況が異なるからです。仕事と家庭の時間以外に何らかの活動をするのが難しい状況のひともいるでしょうし、若い頃には仕事に没頭する時期があってもいいと私は考えています。それに仕事と家庭以外の活動としては、地域に縛られず広く社会課題と向き合うＮＰＯのような活動に取り組むひともいれば、スポーツや芸術などに打ち込むひとがいてもいいですよね。

しかし、40代以降の世代については少し事情が異なります。

もちろん「地方公務員だから」と言って積極的に地域に飛び出すべきとまでは言いません。その点は変わりません。しかし、住んでいる地域で定年後を過ごすことを考えると、40代というのはそろそろ地域に出ていく、いいタイミングだとも私は考えています。

40代から考えたい

理由のひとつは、ミドル期にさしかかる私たちの時間の使い方の変化にあります。30代までは残業もいとわず日々仕事に没頭していたり、子育てに手がかかっていたりしたかもしれません。しかし、40代になると、仕事がある程度自分の裁量で進め方を決められたり、徐々に子どもも親の世話を必要としなくなってきたりするでしょう。そうするとやらなければいけないことのための時間が減り、自分で使い方を選べる時間が増えてきます。その時間の一部を使えば、業務外の活動として地域に関わることも可能ではないでしょうか。

私も30代までは毎日夜の8時、9時まで残業するのが当たり前でした。環境部門では、国の指定を受けるための申請書類を作成していて何度も24時を過ぎ、よく上司にクルマで送ってもらったりしていました。それが40代になってからは、係長になってマネジメントをする立場になったことも影響して、残業するのが当たり前ではなくなりました。新型コロナウイルス感染症の拡大の中で進んだ働き方の変化や、残業に対する社会の雰囲気の変化なども影響しているかもしれません。もちろん、40代になったらみんな残業しなくて済むわけではありません。ただ、仕事の裁量が増えることと「時間当たりのコスト」が高くなっていることを考えれば、年齢を重ねた分だけ残業を減らすという意識は大切なのではないでしょうか。

もうひとつの理由は子どもの年齢（学齢）です。私立の学校に通うなど異なる事情の家庭もあるかもしれませんし、そもそも子どもがいない世帯もあります。しかし、子どもがいる場合で考えれば、多くの子どもは住んでいる地域の小学校に６年間、中学校に３年間通いますよね。その間、自分の子どもが住んでいる地域のお世話になり、その親として地域に関わるチャンスも多くなります。

我が家は、私が29歳のときに長女が生まれ、ふたつ下の学年に次女がいます。長女が小学校に入学したのが35歳のとき。次女が中学校を卒業するときには47歳になっています。20代後半から30代前半にかけて子どもが生まれた家庭では、40代は子どもが地元の小中学校に通う時期の後半から終わりの時期にあたります。このタイミングを逃すと、子どもをきっかけとして地域に関わる機会を逃してしまいます。

前節でもご紹介しましたが、50代になると「定年退職後は地域で過ごす時間が長くなるので、今から徐々に地域に関わるようにしましょう」などと言われる機会が増えます。しかし、仕事への向き合い方の変化や子どもの年齢など、ここでお伝えした事情を考えると、40代から徐々に地域に関わろうとするのは、決して早すぎることはないのです。

定年後の居場所のつくり方

定年退職後に向けて地域の中で人間関係が築かれ、自分の居場所を感じられるようになるプロセスに目を向けると、地域でどのような活動に取り組むのかによって様々なケースが考えられます。自治会のような活動でも子どもの学校のおやじの会やＰＴＡでも、毎週ではなく月に一度くらいの頻度で活動する場合が多いようです。１年間で12回しか会えませんので、学校や職場のように毎日顔を合わせる場とは異なり、一緒に活動する仲間との人間関係を築くのも時間がかかります。

私は元々初対面から仲良くなるまでに時間がかかる性格です。そのため、おやじの会ではこれまでの経緯や暗黙のルールなどが分からないこともあって、最初の1年間はかなり感触を探りながら参加していました。もうすぐ2年が経とうする頃、ようやくほかの参加者の顔と名前が一致してきたくらいです。

私ほどではないにしろ、やはり活動の頻度や一緒に過ごす時間の長さによって、築くことができる人間関係が変わってくるのは自然なことです。地域での活動の頻度や時間の密度を考えると、大したこともできないまま、ようやく仲良くなれたと思ったらあっという間に5年間が過ぎていたりします。それを45歳から始めたら50歳ですし、55歳から始めたら60歳です。

もちろん人生100年時代だと考えれば、何歳のときに地域での活動を始めても遅すぎることはありません。50代でも60代でも、いつだって未来に向けた人生においては今日の自分が最も若く、これから何を始めるにしても今日始めるのが最も早いのです。

だからこそ、つながりが築かれるまでにかかる時間のことや、家族と地域の関係性の変化について考えながら、今日以降いつから地域に関わり始めるのか、意識しておくことをおすすめします。

3 地域の課題は成長のステージ

地域で何かしらの活動に取り組むことは、定年退職後の居場所やつながりをつくるうえで有効です。もちろん楽しいことがあったり、やりがいを感じることがあったりします。それだけでも地域で活動することをおすすめする理由としては十分なのですが、もうひとつ強調しておきたいことがあります。それは、地域で仕事とは異なる何かしらの活動に取り組むことは、地方公務員としての成長にもつながるということです。

PTAも自治会も「越境学習」の場

職場とは異なる環境の中で、異なる職業の仲間の価値観に接したり、職場では接することのない知識やスキルを目の当たりにすることがあります。そのことで視野が広がったり、自己理解が深まると言われています。

このような職場の外での活動による成長の機会は「越境学習」と呼ばれ、大学などでも研究が蓄積されています。法政大学大学院の石山恒貴教授らは『越境学習入門』(日本能率協会マネジメントセンター)の中で、越境学習を「ホームとアウェイを往還する(行き来する)ことによる学び」と定義しています。

ホーム(職場)とアウェイ(職場外の活動の場)を行ったり来たりすることを通して学ぶとは、一体どういうことなのでしょうか。

職場外の活動の場の特徴として、石山教授らは「上下関係がないこと」「多様なひとと関わること」「試行錯誤の場であること」を指摘しています。

まず職場外の活動（アウェイ）では、上下関係がありません。そのため、職場（ホーム）では指示どおりに働けばよかったひとも、指示待ちではなく主体的に動くことが求められます。おやじの会で学校の施設のペンキ塗りをすることがあります。そのときに、自分でやることを探して動いたり、分からなければ「何をやったらいいでしょうか」と仕事を受け取りに行けるひとはありがたいですよね。

また、職場外の活動（アウェイ）では多様なひとと関わることになります。そのため職場（ホーム）での共通言語や、職場では常識だと思っていた仕事の進め方などは通用しません。丁寧にコミュニケーションを重ねる必要があります。例えば、私がＮＰＯのメンバーとして活動していたときのことです。市役所に勤める私の感覚では1年がかりの調査だと思っていたのに、提案した仲間は3か月でやり切るつもりだったことがありました。資料作成を頼まれてパワーポイントでボリュームのある企画書をつくるつもりでいたら、必要なのはドキュメント型式のＡ4で2枚程度のメモだった、なんていうこともあります。

さらには、職場では組織としての目標や到達方法がある程度決められている中で仕事を進めていきます。しかし、職場外の活動では誰かが目標ややり方を与えてくれるわけではありません。自分たちで「何をどこまでやりたいのか」「どのような方法でやるのか」から話し合い、試行錯誤しながら進める必要があるのです。必然的にリスクをとりながら挑戦することになります。さいたま新都心という地区で公共空間にこたつを並べ、そこでコーヒーを楽しむ空間づくり「ストリートこたつｃａｆｅ」という企画を実現したときには本当に手探りでした。「なんでこたつを置くの？」「誰に来てもらうの？」「どうやってこたつを置くの？」など、やりたいことをゼロから仲間とつくる「正解がない挑戦」の毎日。それは、市役所の仕事では味わえない時間です。

「上下関係がない」「多様なひとと関わる」「試行錯誤の場」といった越境学習の特徴は、ＰＴＡでもおやじの会でも、自治会でも、ボランティア活動でも経験することができます。越境学習は決して特別な経験ではありません。職場（ホーム）の常識が通用しないアウェイは日常に溢れているのです。

モヤモヤの出口のきっかけ

もうひとつ、地域の活動の意味としてお伝えしたいのは、自分のキャリアを見つめ直す機会になるということです。前述した石山教授らの著書でも越境学習の効果として同様のことが述べられています。公務員としての肩書きや市役所で培った知識や感覚が通用しなかったり、逆に公務員としては当たり前のスキルが思いのほか役に立ったりするのは、職場外の活動では珍しい経験ではありません。また、地域での活動を通じて、本当に自分がやりたいと思っていることに気が付くこともあります。

それがどのような場であれ、飛び込んだアウェイでの経験を通じて「揺さぶられる」という特徴が、越境学習にはあります。揺さぶられるのは自分の価値観であり、アイデンティティです。今まで大切だと思っていたことに対する評価が揺らいだり、これまで疑うことがなかった自分の生き方に疑問が湧いたりします。

中年の危機の中で「このままでいいのかな」と不安を感じている最中に、こういった揺さぶられる経験をすることは、一見すると不安を解消するどころか、かえって混乱するだけのように思えるかもしれません。しかし、不安と逆の効果があると私は考えています。

日々の仕事で上司や組織が求めることに応えていると、自分が本当に大切にしたいものが分からなくなることがあります。そんなとき、職場外の活動で仕事では接することのない社会課題や価値観、自分の可能性などを知ることで、「もしかしたら……」といった気持ちが湧くことがあります。この「……」に入るのは、ひとによっては自分が本当にやりたいことかもしれません。心の奥底にしまってあったお金に対する価値観かもしれません。また、意識したことのない家族の理想のあり方かもしれません。

ミドル期特有の「私の人生、このままでいいのかな」という不安と向き合ううえで、その仮説はとても心強い材料になります。仮説は、不安を小さくするための試行錯誤を可能にします。

30代半ばのことですが、私は「化学技師」として採用されながら、化学技師らしくない政策企画の仕事ばかり経験したり内閣府に派遣されたりしました。そのことで、将来の公務員人生に対して不安を感じていました。今思えば、少し早い中年の危機の入口だったのでしょう。その後、県内の仲間と公務員のキャリアについて考える場づくりに取り組むようになり、それが後にキャリアコンサルタントの資格を取得し、キャリア相談をお受けしたり、公務員向けのキャリア研修の講師を務めたりすることにつながっています。今では、公務員の皆さんのキャリア支援はライフワークとなっています。

きっかけは、必ずしも地域での活動に限りません。それでも、職場中心の生活の中で職場外の活動に踏み出すことで、日頃感じているモヤモヤの出口につながることがあります。ミドル期の私たちにとって、職場外の活動は、楽しんだり友人をつくる場であるだけでなく、人生後半のキャリア形成につながる機会にもなり得るのです。

出島人材と資源の共有

最後に、地域に出て活動することは、組織と地域にとっても有意義なことです。

まず組織にとって職員が地域に出て活動することにはどんな意味があるのでしょうか。私は、組織外の活動に取り組む職員は、その組織の「出島人材」になると考えています。出島とは、江戸時代に鎖国をしていた日本の中で唯一外国とのやり取りが認められた場所です。今の長崎県にあり、オランダをはじめ江戸幕府が公式に認めていた国々から、それまで日本になかった技術や情報がここでの交易を通じて日本に入ってきたと言われています。

地域に出て活動する人材は、この出島のように組織の外で触れた新しい技術や情報、そして価値観や文化を組織の中に持ち込んでくれます。それらが組織の中で活かされ、定着するには、組織の側にも工夫と覚悟が求められるでしょう。しかし、多くの職員が一人ひとり異なる多様な出島人材となることで、組織を変革するエンジンとなってくれることが期待できます。

もう一点、地域にとっての意義についても触れておきたいと思います。

地方自治体は、その地域の中で比較的大きな法人であり、地域の有為な人材を多く集めています。あくまで推測ですが、その傾向は都市部から離れるほど顕著であるような気がします。つまり、本当なら地域の中小企業などが欲しがる人材を、役所が囲い込む形になっているのです。もちろん地方自治体の側にはその意識はなく、結果的にそうなっているということです。

そういう意味でも、私は地方自治体は、自らの組織の職員を「地域の人的資源」として、もっと地域と共有すべきだと考えています。以前と比べて社会全体に副業・兼業が浸透し、厚生労働省がつくり多くの企業が参考にするモデル就業規則からも、副業を禁止する記載は除かれています。しかし、地方公務員の副業・兼業の規制は変化の兆しがありません。本業以外の時間を使ってＮＰＯの活動に参画したり、地域のプレイヤーとしてまちづくりに取り組む職員に対しては、依然として「変わり者」といった評価や「もっと仕事に全力で取り組め」といった視線があるように聴きます。

一方で、人口減少が止まらない中で地域における労働力の総量も減り続けています。中小企業は人材を採用できず事業の継続が困難になったり、自治会などの地域の住民による活動も担い手がおらずに行事などを縮小せざるを得ない状態になっている実態があるのです。

そのような中で、地域において人材を採用する力が優位であることに無自覚なまま、役所は地域の人的資源を囲い込み続けていてよいでしょうか。むしろ地方自治体の使命として、地域で共有する人的資源として職員を送り出し、様々な地域の活動に取り組むことを後押しすべきではないでしょうか。

それは職員一人ひとりの地方公務員としての成長にもつながり、組織の強化と変革も後押しします。さらには人材不足に苦しむ地域の様々な企業・団体の支援、ひいては地域住民のためにもなるはずです。

ここ数年、地方自治体は大きな変化にさらされています。新型コロナウイルス感染症の拡大を契機にＤＸ（デジタルトランスフォーメーション）の取組が活発になりました。ＬＧＢＴＱといった新しい概念への配慮が求められています。人生１００年時代など社会環境の変化に後押しされて求める人材像や育成のあり方を変化させ、そのような時代だからこそ、出島人材を多く育み、その人材を地域と共有することは、これからの行政経営、特に人的資本経営の観点で必要な考え方なのではないでしょうか。

4　「公務員は民間じゃ通用しない」のウソ

ミドル期になって「このまま公務員を続けていて本当にいいのかな」と悩むとき、必ず選択肢として挙げられるのが民間企業への転職です。公務員として培った専門性を活かしたい、逆に公務員のままでは特定の分野のプロフェッショナルになれない、いつまでもこんな事務処理に追われ続けるのか、そんなことを思い、民間企業への転職という選択肢が頭をよぎったことがあるひとは多いのではないでしょうか。

しかし、そんな気持ちをくじくのが「公務員は民間じゃ通用しない」という定説。でも、それは真実なのでしょうか。

「公務員は民間じゃ通用しない」とは？

「公務員は民間じゃ通用しない」というとき、多くの場合、公務員と民間企業での仕事の内容や文化、慣習、ルールなどの違いが着目されます。

例えば、公務員として経験する仕事の中には、議会の対応や予算編成など、公務員でなければ必要のないものがたくさんあり、私たちはそれらに熟達してきました。一方で公務員は、売り上げの目標を立ててお客さんに契約をしてもらう「営業」をしたことがないとか、行政には商品やお客さんの考え・動向を調査分析する「マーケティング」という概念がないとか、民間企業では当たり前のことを経験していないのではないかと言われることがあります。

その結果として、公務員としての経験や身に付けた知識・スキルが民間企業の転職市場では十分に評価されず、民間企業で求められる経験もしていないということで転職先を見つけるのに苦労するという話をよく聞きます。

私も転職サイトと呼ばれるサービスに試しに登録してみたことがありますが、登録項目の中に経験してきた業務などを選んでチェックを付けるものがありました。ところが隅から隅までじっくり確認しても、選択肢の中に市役所の仕事で経験してきたような業務は一切なく、「その他」の1か所しかチェックを付けられませんでした。恐らくこのチェックリストを通して見える私は、転職エージェントや企業の採用担当からすると、40代で「民間企業での一般的な業務」を一切経験したことがない、つまりは新卒並みの経験や実力で、しかも年齢的にポテンシャル（可能性）も評価できない人材と見えているはずです。

確かに、公務員としての経験や知識・スキルが転職市場で十分に評価されないことも、公務員が民間企業で一般的と言われるような業務を経験していないことも、事実です。でも、それは必ずしも公務員の方が能力が低い、という意味での「通用しない」ではありません。

「主語が大きすぎる」問題

公務員としての経験や知識・スキルが民間でどのように活用できるのか、公務とビジネスの間で共通言語も限られることから当事者である公務員もうまく説明できません。同時に、転職エージェントや採用する企業の人事にとっても、理解するのが難しいのが実情です。一方で、実際に転職した元公務員からは、事務能力や資料作成といった作業レベルのスキルや、多様な関係者間の調整の巧みさ、一つひとつ丁寧に積み上げるような仕事の仕方などでも評価されている面が少なくないという話も聴きます。

私の知り合いでも、公務員を辞めて民間企業に転職したひとが何人もいます。彼／彼女らからは実際に民間企業に転職してみた実感として「大変ではあるものの公務員で経験してきたことが役に立つ」「培ってきたスキルが役に立っている」「古巣の役所のあのひとたちの方が仕事がデキるんじゃないかと思う残念な社員も大勢いる」といったことは、何度も聴いたことがあります。

そもそも「公務員」や「民間企業」という大きな言葉でくくることに無理があるということです。「公務員だから通用しない」のではなく、一人ひとりの経験や知識・スキルを丁寧に読み解けば、民間で活躍できる実力を持つひともいるはずなんです。公務員の転職の難しさは、その実力を当事者と転職エージェントや企業の採用担当者と共有するのに、民間企業間での転職と比べて工夫が必要だという点にあると私は考えています。

それと同時に、「民間企業だから通用しない」という考えも疑ってみた方がいいでしょう。民間企業の中にも、公務員が比較的即戦力として働ける仕事やポストはあります。しかし、前述したように当事者も転職エージェント側も公務員の実力への解像度が低いので、それぞれの仕事やポストがどの程度マッチするのか評価ができないという側面があります。すると、転職エージェントは公務員の転職先として、「行政と取引のあるコンサルタント会社」とか、業界問わず「法務部門」「総務部門」といった方面で選びがちですし、当事者である公務員も「そんなものかな」と書類を作成し面接に臨むことになります。

確かに公務員の中には、それらの業界や部門と親和性の高いひとが少なくないかもしれません。コンサルタント会社で、取引先である役所の意思決定プロセスやニーズを把握できていることは有利でしょう。公務員であれば法令に拒否反応を示すことがないかもしれませんし、幅広く事務処理が得意な可能性も高いかもしれません。ただし、見方を変えれば、転職先として希望する業界や業種と公務員としての仕事の共通点から判断する、その程度の解像度になってしまうということでもあります。例えば、コンサルタント会社にも様々な現場があるはずですよね。

本来であれば、民間企業から民間企業への転職であっても、「営業を経験していたから」とか「マーケティングに挑戦したいのだけれど」といったように、大きな言葉でくるのはいいことではないはずです。しかし、民間企業間であれば経験やスキルが共通言語として機能するので、結果的にマッチする転職先と出会える可能性は高くなります。面接などでのすり合わせも可能でしょう。一方で公務員から民間企業への転職の場合、そういった共通言語もなく面接でも相互に理解できなければ、当事者も採用側も納得感のある転職は難しくなります。

しかも、40代になると成長のポテンシャルは評価してもらえませんし、マネジメントの役割であったりプロフェッショナルであることを期待されるので、難易度はかなり高くなります。さらには公務員として長年勤めた結果、収入もそれなりに上がっており、子どもの教育や住宅ローンなどの事情もあって当事者が転職先に求める条件という面でもハードルが高くなる傾向があります。

多くの公務員の皆さんのキャリア相談をお聴きしてきて、私なりに考える公務員の転職の難しさの正体は、こういったところにあります。

それは「私」と「その会社」の問題

ここまでお読みになって、「民間企業で通用しないというのはウソだと言いながら、やっぱり公務員の転職は難しいんじゃないか」とお思いかもしれません。

残念ながらそれは事実です。通用するということと、転職の難易度は必ずしも一直線にはつながりません。どんなに美味しい料理でも、「美味しそう」とか「お手頃価格」と評価してもらえなければ、食べてもらえないのと同じです。その料理が事実としてどんなに美味しくても、馴染みのない見た目で料理名も説明も価格も異国の知らない言葉で書かれていたら、なかなか食べる勇気は湧きませんよね。

公務員が民間企業に転職するというのは、この異国の料理をよく知らないひとに食べてもらうようなものかもしれません。異国の料理を初めて出会ったひとに食べてもらうには、どうしたらいいでしょうか？　私だったらまずは相手に伝わる言葉を選んで説明します。業務の経験であれば「長年福祉の現場でケース会議での調整役を務めてきて……」よりも、「多様な関係者の意向を把握しながら、調整を進めることができます。例えば福祉の現場では、福祉施設、学校、医療機関等多様な関係者が集まる会議で、長年調整役を務めてきました。私にそれができたのは……」と説明すれば伝わるかもしれませんし、そこから掘り下げて訊ねてもらうこともできます。

公務員の、特にミドル期の転職は、公務員から民間企業への転職というパターンの攻略法を考えるのではなく、「私」と「その会社」という意識を持つことが重要です。ミドル期の公務員の転職活動は、「私」と「その会社」というたったひとつの組み合わせを見出す、いわば一点ものの作業。必要なのは自分への理解です。異国の料理のことを知らずに、その魅力は伝えられません。

皆さんは自分が経験したこと、自分ができることをどのように語りますか。ミドル世代になれば、それなりに色々な仕事を経験しているので、どの仕事でも共通して貢献してきた自分の核となる姿勢や能力は何なのか、多少は自覚があるのではないでしょうか。これから一緒に働くことになるかもしれない採用担当者や仲介する転職エージェントに、「うちの現場のあのポストで、こういう貢献をしてくれそうだな」と想像してもらうためには、具体的に語る部分と抽象度を上げて語る部分のコントロールも必要です。

また転職先に関する情報についても、ネットに掲載されているレベルに留まらず、その仕事で築ける人間関係や経験できること、磨けるスキルなど、今後実現したいキャリアにつながる材料が得られるかどうかは、大切な要素です。そういう意味では、転職エージェントの活用だけではなく、個人的な人間関係から転職先を決める「リファラル採用」の方が、ミドル期の公務員には向いているかもしれません。自分のことをよく知るひとから「うちの会社の面接を受けてみない？」と言ってもらえるのは、異国の料理を食べたことがあるひとと出会えるようなものですから。そのためには、職場での仕事としっかり向き合うことは大前提として、外部の様々なひとと交流する機会を持つことや発信することなど、職場の外での取組も有効です。

5 40代以降は転職より独立⁉

前節で、「公務員は民間企業では通用しない」という考え方が必ずしも正しくないことを、お伝えしました。同時に、官と民との仕事に関する共通言語の違いなどから、公務員としての経験やスキルを転職エージェントや民間企業の採用担当者に理解してもらうことの難しさについて、公務員から民間企業への転職が簡単ではない理由のひとつとして、ご紹介しました。

続いてこの節では、ミドル世代にとって転職と並ぶ選択肢である「独立」について考えていきます。実は、私たちミドル世代には、民間企業への転職と同程度か、それ以上の選択肢として、独立を検討することをおすすめしたいと考えています。

やはり厳しいミドル期の転職

前節でも触れましたが、公務員の、特にミドル世代の転職は厳しいのが実態です。

雇う側も、若い人材であればポテンシャルを期待して採用できますが、特に40代以降が対象になる求人の多くは具体的なポストが想定されています。採用されても活躍できなければ厳しい評価が待っています。飛び込んだ業界や会社の文化・ルールになじんで成果を出せるようになるまで、悠長に待ってはくれません。即戦力であることを期待されていることの厳しさは、官民問わずミドル世代の転職の課題です。

また、公務員で40代まで勤めていると、給与の高さが転職にブレーキをかけることもお伝えしたとおりです。公務員は若い頃は給与が低く抑えられ、40代以降まで勤め続けることで給与が上がる賃金体系になっています。結果として、中高年になってから転職すると収入の下落幅が若い頃よりも大きくなる傾向があります。子どもの教育費や住宅ローンなど世帯としてお金が必要になる事情もあって、転職による収入ダウンが本人も家族も不安にさせます。

もちろん同じミドル世代の公務員でも一人ひとり事情が異なるので、一くくりにするのは少々乱暴かもしれません。それでもやはり、公務員時代に培った何らかの専門性を活かせるような転職であったり、人間関係（リファラル）でご縁が得られる場合を除けば、ミドル期の公務員の転職は困難な道になることを覚悟する必要がありそうです。

役所は地域や社会の課題の宝庫

では、独立の場合はどうでしょうか。

独立するということは、法人であれ個人事業主であれ、自分で社会に提供する事業を考え、必要としてくれるお客さんを探し購入していただくということです。この流れの中で、転職エージェントや採用担当者に公務員としての経験やスキルを理解してもらう必要はありません。必要なのは、社会課題と自分が提供できるものへの理解や、お客さんとの出会いです。

社会課題という点では、地方自治体には地域の課題が集まっています。公務員として働くことは、地域や社会の課題と向き合う日々と言っても過言ではありません。独立後の事業と結びつけているひとは珍しいかもしれませんが、意識していれば地域や社会の課題についてこれほど学べる職業はないはずです。福祉も教育も産業もまちづくりも、行政が関わるところには必ずと言っていいほど、課題がセットになっていますよね。

地方公務員は人事異動によって、それまで関わってきた事業と強制的に離れなくてはいけないことがあります。せっかく商店街の店主の皆さんと関係構築ができて、これから盛り上げていこうというタイミングでまったく関係ない部署へ異動といったケースも珍しくありません。中には、仕事の中でライフワークにしたいと思えるようなテーマと出会ったのに、泣く泣く手放した経験があるひともいるのではないでしょうか。

ライフワークにしたいテーマは、福祉や教育といった特定の分野とは限りません。特にミドル期以降の公務員は、分野で語れる専門性がなくても、「行政のプロジェクトマネジメント」とか「組織改革と業務改善」とか「住民との対話」といったレベルで、「土地勘」を持っていたりしますよね。

そういったひとにとっては、ライフワークと呼べるようなテーマを自分の仕事にする手段として、独立という選択肢があります。ライフワークを仕事にできる企業への転職という選択肢も否定はしませんが、組織に勤める以上は、追い続けたいテーマへの関わり方が自由になるわけではありません。その点、独立であれば、もちろん食べていけることが大前提ですが、関心のあるテーマへの関わり方は自分で設計することが可能です。

また、地域や社会の課題との接点があるということは、それを解決してほしいと望むひとや企業・団体と出会う機会もあるはずです。例えば、中小企業の事業承継という課題を市役所の商工部門で扱うことになれば、自ずと事業承継に困っている中小企業の経営者などと話す機会もあるはずです。そのひとたちは将来のお客さんかもしれませんし、たとえ直接お客さんになるわけではなくても、お客さんが何を求めているのか知る手がかりが得られます。ミドル期になれば、業務内外で培った人脈も広がっていますし、今から次のキャリアを意識して人脈を再整理し、必要なつながりを積極的につくりにいくことも可能ではないでしょうか。色々なひとに会いやすいという役所の名刺の力を存分に活用しましょう。

このように、自分が追い続けたい課題やその課題の周囲にいるひとたちとの出会いの場があることは、独立することを考えたときに公務員が持つ強みだと私は考えています。

主導権を組織から取り戻す

人生100年時代、私は少なくとも75歳頃までは現役で働くつもりです。仮に定年まで公務員を続けていたとしたら、公務員の次の仕事ができるのはわずか10年間です。一方で、もし40代で本当にやりたいことを見つけて独立できたとしたら、その仕事を30年間かけて究めることができます。

「仕事」というのは、人生の目的を達成するための手段です。

その目的を達成するために公務員を続けることが合理的で納得感があるなら、公務員を「選択」すればいいと思います。でも、もし目的を達成するために公務員ではない道を選ぶ必要があるのなら、組織で雇ってもらうことだけではなく、独立も大切な選択肢です。これまで組織に預けてきたキャリアの主導権を、そろそろ自分の手元に取り戻してもいいのではないでしょうか。

繰り返しになりますが、転職より独立の方が楽ということでもなければ、公務員からなら独立しやすいと言いたいわけでもありません。ただ、ミドル世代の公務員にとっては、転職が厳しくなる分だけ、転職と独立を比較したときに独立も検討に値する現実的な選択肢になってきます。さらには、現役でいられる時間全体のちょうど真ん中にいるミドル期の今こそ、残り時間をライスワークで埋めるのかライフワークに捧げるのかを真剣に考えて、キャリアの主導権を自分の手に取り戻したいと思うのです。

6　パラレルキャリアで練習をする

4章ではここまで、地域活動、転職、独立といったキーワードに触れてきました。ここでパラレルキャリアというキーワードについてご紹介しておきます。公務員からの独立や転職のための準備として非常に有効な取組が、パラレルキャリアだからです。

「鍛錬の場」であり「稼ぐ場」

パラレルキャリアというのは、一般的には、本業と並行して何かしらの仕事に取り組んでいる状態を表す言葉として使われます。例えば、メーカーでマーケティングの仕事をしながら、ウェブライターとして定期的に記事制作の仕事をしている、というような状態です。私たち公務員の世界ではまだまだ浸透しているとは言えませんが、私の職場でも市職員として勤めながら大学で講師をしている先輩などがいました。彼は公務員と大学講師のパラレルキャリアだったわけです。

パラレルキャリアは、マネジメントで知られるP・F・ドラッカーが『明日を支配するもの～20世紀のマネジメント革命』（ダイヤモンド社）の中で提唱した概念です。ドラッカーはパラレルキャリアを「本業を持ちながら、もうひとつの世界を持つこと」と述べており、その例として、教会の運営を引き受けたり、DV被害者のための保護施設の支援をするなど、非営利組織での活動を挙げています。本書では、非営利組織でのボランティアの場合も含めて、本業以外の地域・社会における継続的な活動をパラレルキャリアとして扱います。

パラレルキャリアの最大の効用は、「無形資産の形成」です（法政大学大学院の石山恒貴教授をはじめ専門家による研究成果や多くの書籍が出ていますので、詳細はそれらを参照してください）。無形資産とは、人生100年時代という言葉を広めた著書『LIFE SHIFT』の中で、リンダ・グラットンらが提唱している概念です。これまではお金や不動産、証券といったお金で換算できる資産を有形資産とし、これらの資産を築くことが優先されてきました。それが人生100年時代においては、無形資産を形成することの重要性が高まると指摘しています。無形資産は、お金に換算できない資産、つまりはスキルや人脈、価値観などです。パラレルキャリアではお金を稼ぐことも可能ですが、スキルを高めたり、人脈を広げたり、経験を通じて価値観が更新されるといった果実が得られるのです。自らを鍛える場であると同時に人脈などの資産を稼ぐ場として、パラレルキャリアを有効に活用することは、ミドル公務員にとって人生の後半戦に向けての重要な戦略となります。

商品づくりと顧客づくり

公務員からの独立や転職の準備としてのパラレルキャリアの有効性について、まずは独立の準備の場合で考えてみましょう。

一度でも独立を考えたことがあるひとなら共感していただけると思いますが、独立する際の最大の不安は「やっていけるのかどうか」です。やっていけるのかどうかというのは、より具体的に分解すれば次の3点に整理できます。

①売れる商品を用意できるか

②商品を買ってくれる顧客はどこにいるか
③商品をどのくらい買ってもらえるか

細かいことを言えば、資金調達のことや商品の届け方、協力してくれる取引先等の体制など、不安を感じる要素はいくらでも挙げられますが、軸はこの3点に集約されるでしょう。

兼業・副業が解禁されている企業に勤めている場合などは、実際に商品をつくり個人事業主として世の中に提供してみることで、反応を得ることができます。買ってくれたお客さんの反応から商品を磨き直したり、お客さんの購入の経路を再設計して徐々に売り上げを増やしていき、見通しがついたら会社を辞めて本格的に独立することもできるかもしれません。独立を志すひとのための指南書の中には、いきなり会社を辞めるのではなく、兼業・副業で小さく始めることをすすめているものもあります。

兼業・副業が禁止されている私たちは同じやり方はできませんが、法令の許す範囲でパラレルキャリアを商品づくりや顧客づくりの機会として活用してみるのはいかがでしょうか。

例えば、私は今、国家資格キャリアコンサルタントとして無料でキャリアコンサルティングを提供しています。この3年で150組ほどの相談を受けました。元々はキャリアコンサルティングの技術を保つために始めたものですが、相談者に回答いただいたアンケートが「商品づくり」の参考になっています。また、ブログやSNS経由で相談の申込をいただくので、お客さんへの商品の届け方についても手応えを感じることができています。キャリアコンサルティング以外にも年に数件~10件ほど、依頼を受けて地方自治体のキャリア研修や公務員向けのセミナーの講師をお引き受けしています。すぐに独立することは考えていませんが、これがいつか公務員を退職して独立した場合の「練習」の機会になっています。

飲食業に興味があるのであれば、友人などを集めて割り勘で振舞って反応を確かめてもいいですし、大学の教員や研究者であれば、お世話になった先生の研究室のお手伝いをしてもいいかもしれません。研修講師であれば、自主勉強会のような場で講師をやらせてもらうことで練習ができます。どのような事業で独立を目指すのかにもよりますが、このようにパラレルキャリアでできる範囲から、商品づくり、顧客への提供などの練習の機会を自らつくることができるのです。本書でインタビューをさせていただいた佐々木幸雄さんも、在職中にSDGsの研修で「自分にもできる」と自信を得たことが、独立への不安を小さくしていました。

自己理解・スキル・人間関係

パラレルキャリアは、独立する場合だけでなく転職の準備にも有効です。例えば私は「二枚目の名刺」というNPO法人で活動（パラレルキャリア）していたことがあります。「二枚目の名刺」は、NPOなど社会的課題の解決に取り組む団体と協働して、主に会社勤めの方たちを対象に、3か月間のプロジェクトに参加する「越境体験」を提供しています。プロジェクト参加者は、NPOのメンバーや、業界も業種も異なるほかの参加者との協業により、本業では当たり前の自分の能力が評価されたり、逆に自分に不足している能力に気付くことになります。中には必要にかられて新しいことを学ぶ参加者もいます。このように自分のことを理解したり、必要なことを学ぶことは、転職活動において非常に重要なことです。また、4節でもお伝えしたように、ミドル期の公務員の転職では、一般的な転職エージェントを活用した転職の難易度は高く、相対的に知人の伝手を活用して採用するリファラル採用も有力な選択肢となります。本業では出会えないような様々な業界・業種の仲間は、転職を実現する資源なのです。

パラレルキャリアによって自己理解を深め、必要なスキルを磨き、新しい人間関係を築くことが新しいキャリアにつながるかもしれません。

パラレルキャリアは情報収集と参加から

キャリア相談でパラレルキャリアについてお話しすると、「やりたいことが見つからないのです」と言われることが少なくありません。そういう場合は、まず情報収集をしてみることをおすすめしています。「やりたい」と思うことがなくても、社会課題やキーワードなど気になるものがひとつくらいあるはずです。ジェンダーでも生物多様性でも、空き家問題や通学路の安全など地域の課題でも構いません。まずは気になるキーワードについて情報収集をします。背景や制度、課題の社会的構造から身の回りへの影響などをネットや書籍で調べます。調べながら、なぜその課題が気になるのかを考えてみてください。

そうするとその課題に対する自分自身の理解度や課題に対する自分の内側の動機を理解でき、さらにそういった課題の解決に取り組む組織や個人が発信する情報に行き着きます。それらの情報の中から何となくピンと来るイベントなどに参加してみてください。勉強会でも体験会でもいいと思います。楽しいものも楽しくないものも、勉強になるものもならないものもあり、きっと玉石混交でしょう。いくつか参加していく中で「この活動を手伝いたい」と思えるような活動に出会えたら、イベント終了後にスタッフに声をかけたり、アンケートの最後の自由記述欄で「お手伝いすることはできますか」と伝えてみましょう。新しいメンバーの参加を歓迎する組織なら、それほど戸惑うことなく受け入れてくれるはずです。

また、本章の前半でご紹介した地域活動も、パラレルキャリアの場になります。地域でつながるひとたちは、当然業界も業種も異なるので、パラレルキャリアとして得たい無形資産を形成する場になります。さらには自分が住んでいる地域に貢献できる活動ですし、移動時間のロスが少ないことや活動の場を離れても付き合える友人をつくりやすいこともあります。活動内容に興味を持つことができるなら、遠くのＮＰＯより近くの地域活動の方がメリットが大きいかもしれません。

7 コミュニティは立ち上げるのがお得

本章ではパラレルキャリアとしての地域活動やNPOでのボランティア活動などについて、ご紹介してきました。自分に合った活動を探して参加することを中心にお伝えしましたが、自分にフィットする活動の場（＝コミュニティ）が見つからないならば、自分で立ち上げることを考えてみてもいいかもしれません。

「参加者」のメリットとデメリット

この節では活動の場としてのコミュニティを自ら立ち上げることのメリットや方法などをお伝えします。ただ、仕事や家族の状況などによっては時間の制約もある中ですので、無理をしないことが大前提です。心の底から自分の居場所だと感じられるような活動がなかったとしても、月に1回から数回参加する場に対して、どこまで求めるのかを冷静に考えることも大切です。私は地域活動やNPOなどを無形資産、つまりは自己理解や新しい人間関係などを得る機会として、ミドル期以降のキャリア形成に有意義だと考えています。しかし、そのために日頃の本業や家族との時間にネガティブな影響が及ぶことは、本末転倒なことです。

そのような意味では、やはりひとりの参加者として既存の団体等の活動に参加することは、適度な負担の中で本業外の越境経験ができるというメリットがあります。また、単に参加する側であったり運営を手伝うくらいであれば、自分の生活の状況に応じて参加の頻度を少なくしたり、一旦休止することもできます。興味のある分野が変わった際などには、ほかの団体に活動の場を容易に移せることも無視できないメリットです。やはり自分で団体をつくるなど活動の場を「つくる側」になると、自分の都合だけで活動の頻度を落としたり休止するのは難しいですし、自分の団体を放り出してほかの団体の活動に関わるのも無責任です。

一方で、既存の団体の参加者やお手伝いのレベルでいると、本当に自分がやりたいことができないことがあります。例えば私が、民間を中心とした社会人のキャリア支援に取り組む団体の運営を手伝うことになったとします。そのとき、どんなに私が「この団体が公務員も対象にしてくれたらいいのにな」と思っても、運営の中心メンバーでなければそのアイデアを形にするのは難しいでしょう。また、運営の中心メンバーになるほど様々な情報にアクセスできるうえに、団体としての意思決定など濃密な経験も増えますが、あくまでお手伝いの範囲では経験の密度は限られるかもしれません。

自ら立ち上げるとお得がいっぱい

では、自ら活動の場を立ち上げるとどうなるのでしょうか。それを考える前に、自ら活動の場を立ち上げるとはどういうことなのか確認しておきましょう。自分で立ち上げるということは、自分が欲しい活動の場をつくるということです。どんなテーマでどんな活動をする場が欲しいのか、それをどうしたら実現できるのかを考え、実行します。例えば、地域で子どもの貧困について住民同士で対話をする場が欲しいとします。まず、地域とはどこなのか、テーマである子どもの貧困とはどういう内容なのか、誰に参加してほしいのかなどを考えます。誰に声をかけて仲間を集めるのか、会場は地区の集会所なのか公民館なのかオンラインなのか。考えることも準備することもたくさんあります。継続的な活動になるなら、終了後の振り返りや次回に向けた準備もあります。慣れない作業はきっと大変なはずです。それでも、何とか活動の場が実現し無事に終わったときには、何ものにも代えがたい達成感が得られるでしょう。

こうやって自分の発案から組織という装置を使わずに何かを成し遂げる経験は、大きな学びとなり自己効力感も育みますが、意外なほど地方自治体の組織の中では経験できません。私が初めてこのような場をつくったときには、課長の決裁なしで実施を決定できること、必要な事業費を参加者の会費で回収しなくてはいけないことなどを、新鮮な気持ちで経験したのを憶えています。

自ら活動の場を立ち上げる最も大きなメリットは、本当に自分がやりたいことを「旗」として掲げて実現できることです。欲しい活動の場は、究極的には自分でつくるしかありません。自分とまったく同じ問題意識の人間は限られますし、そのテーマについて求める活動もひとによって異なります。

もちろん、ほかにも重要なメリットがあります。ひとつは同じテーマについて共感し合える仲間と出会えることです。職場の仲間も友人も家族も、気になる社会課題はひとそれぞれです。私は「公務員のキャリア形成」が気になりますが、職場の上司はＳＤＧｓが気になるかもしれませんし、学生時代からの友人は都市防災が気になっているかもしれません。普通に生きていても「公務員のキャリア形成」について問題意識を持っているひととは出会えません。ひとは自分の関心のテーマにおいて孤独なものですが、自分で活動の場を立ち上げることで仲間と出会えるのです。インタビューをした栗林正司さんも「フクギョウ公務員」のコミュニティを自ら立ち上げた際に、想いを共有できる仲間と出会うことができました。

もうひとつメリットを挙げるとしたら、自ら活動の場を立ち上げることでそのテーマについて詳しくなれることです。実際に仲間を集めたり参加者を募るためには、そのテーマについて学ぶ必要があります。そのテーマについて単に関心があっただけの自分とは、比べ物にならないほど知識を得るはずです。私は10年ほど前に公務員のキャリアについて場づくりに取り組み始めてから、独自にキャリア理論や心理学、ワークショップデザインなどについて学んでいました。最初は必要にかられて学んでいましたが、活動の場を通じて関心がさらに強くなり、最終的にキャリアコンサルタントの国家資格や認定ワークショップデザイナーの資格まで取得しました。それがキャリア相談や研修、執筆、ファシリテーターの依頼など活動の幅を広げることにもつながっています。

自らの「旗」を掲げよう

参加する側から立ち上げる場に回ることは、メリットは大きいですが、やはり負担が大きいのも事実です。それでもやはり一度は、自らの「旗」を掲げて何らかの活動の場を立ち上げる経験をすることをおすすめいたします。皆さんの中には、庁内の自主勉強会に参加したことがあるひともいるのではないでしょうか。最初はそういった取組でもいいかもしれません。たとえ庁内の勉強会でも、所属する組織の外で業務外に取り組むのであれば、それは立派な越境経験です。

最初は3人とか5人とか小さくてもいいのです。それでも一旦立ち上げると、見える景色が変わります。庁内の勉強会に限らず、地域でゴミ拾いをする仲間を集めてもいいですし、朝カフェに集まって対話する仲間を集めてもいいでしょう。最初は小さく始めるのがコツです。そしてできるだけ毎回の活動の場をつくる負担を軽くして、月に一度集まるような活動を始めてみてください。それがいつしかコミュニティへと育っていくはずですから。

《インタビュー④》

退職・独立に必要な自分磨き・関係づくり～佐々木幸雄さん

元静岡市職員で、49歳のときに独立し、ＳＤＧｓに取り組む一般社団法人の代表理事など、多彩な活躍をされている佐々木幸雄さん（53歳）にお話をお聴きします。

《プロフィール》ささき・ゆきお
静岡市役所に20年間勤務したのち、40代で早期退職。現在はＳＤＧｓに取り組む人材の育成、体験型研修ワークショップなどを行う。７月にワーケーション専用施設（コワーキング併設）「ＰＯＲＴＯ」を静岡市用宗にオープン。

60歳になったときに自分が楽しい環境にいること

―独立して、今はどんなお仕事をされているのですか。

一般社団法人ローカルＳＤＧｓネットワークを設立し、主にＳＤＧｓ関連の研修ワークショップやコンサルティングを実施しています。業務委託で企業向けにビジネスゲームを使った体験型の研修講師もしています。また、住まいのサブスク「ＡＤＤｒｅｓｓ静岡用宗Ｂ邸」のオーナー兼家守をしつつ、直近はワーケーション向け宿泊施設（兼コワーキングカフェ）も開業しました。

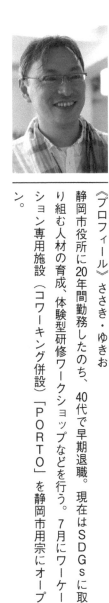

—研修だけではなく、幅広くご活躍ですね。

研修に限らず、地方では仕事ごとのパイが小さいんです。ですから、そもそもひとつの仕事だけで稼げるとは思っていません。最初から3つの仕事で3分の1ずつ、例えば合計600万円稼ぐとしたら、3つの仕事で200万円ずつ稼げばいい。そうすれば、どれかひとつを切られてもすぐには困りません。

—独立しようと最初に思ったのはいつ頃でしたか。

元々、司法試験に挑戦していたこともあって（最終合格には至らず）、入庁したのが29歳とほかの職員より遅めでしたから、組織での出世は期待していませんでした。だから冗談半分で「50歳までには退職する」などと公言していました。49歳で独立したので、結果的に言ったとおりになりました。

—何か具体的なきっかけなどあったのでしょうか。

実は、退職を決意したタイミングが2回ありました。最初は40代前半に係長試験を受験できるようになったタイミングで生活保護のケースワーカーになったときです。どんな仕事でもやれと言われれば人並み以上にはできますが、任された業務が若手職員と同じ内容であり、私の経験や能力を十分に活かせる仕事ではありません。経験や能力もあり体力も衰えていない、人生の中で貴重な時間を無駄にしたくありませんでした。後から振り返れば貴重な経験ができた1年でしたが、あくまでそれは過ぎたからこそ感じることです。

このときは妻からの助言もあり1年間退職を思い留まりましたが、その年に庁内公募があったので応募して、翌年にはNPO支援の仕事に異動となりました。この仕事が結果的に役所での最後の仕事となったのですが、役所人生で一番楽しい仕事時間を過ごすことができました。しかし、過去の人事異動の経験から、今後の人事異動について期待が持てなくなりました。また今後、これ以上楽しい仕事は市職員として体験できないと感じていました。さらに昇任すると管理職としての仕事が増えますが、現場が好きな私は、管理職として求められるマネジメントや議会対応の仕事に興味が持てなかったのです。

私は「60歳になったときに自分が楽しい環境にいること」というキャリアの判断基準を持っています。これに照らして考えたら、50代を市職員として過ごし、60歳のときに課長（よくて部長）で定年退職を迎えるよりも、独立して別の仕事をした方が楽しいと思ったことが、気持ちの面では早期退職を決めた大きな理由でした。

民間の講師にも匹敵する力を実感

―独立することに不安を感じるひとは多いですが、佐々木さんはいかがでしたか。

不安はまったくありませんでした。金銭面については、何とかなるだろうと思えたからです。妻は正社員で私と同等の収入を得ていたので、独立して一時的に私の収入が減っても生活には大きな支障はないという判断ができました。一定の金銭的ストックもありましたし、1～2年無収入でも生活には問題はない状態でした。結婚してもパートナーが正社員として仕事を続けていることは、公務員が安心して独立するためには無視できないポイントです。

―佐々木さんご自身、独立して稼ぐことができるだろうという自信はあったのでしょうか。

不本意な人事異動に備え、人材育成分野で独立できるように準備をしていました。公務員は配属先を自らの意思では決められないからです。特に人材育成分野で著名な中原淳先生（立教大学教授）の社会人向けの講座に半年通って、最先端の知見を学んだことは大きな自信につながりました。それに加えて、ＪＩＡＭ（全国市町村国際文化研修所）で学んだソリューション・フォーカスを研修受講後も学び続けるとともに、自治体職員向けに自主勉強会を開催することで、研修講師として十分に登壇できるレベルになりました。さらに、市長が早くから取り組んだのがきっかけでＳＤＧｓに興味を持ちました。そのとき偶然出会ったＳＤＧｓカードゲームの公認ファシリテーターになるなど、民間の講師とも渡り合えるような力が備わってきたことを実感し、独立してもやっていけるものが見つかったと感じました。

「Tシャツに短パンで来たのは、佐々木さんくらいです」

―独立して、公務員時代に培った知識やスキルは活かせていますか。

正直なところ、今は公務員時代とまったく異なる仕事をしているので直接的には活用していません。あえて言えば、課の庶務でアルバイトの給与支払事務（源泉徴収、社会保険料）をしたときの知識は独立してからも役に立っています。また、何か新しいことをしようとするときに、そのときの内容や状況に応じて市や県のどの部署に問い合わせればよいか分かるのも、元自治体職員だからでしょうか。

あとは知識やスキルではありませんが、私の「元自治体職員」という経歴を見た自治体の担当者から、研修の依頼をいただくことがたまにあります。実際は、私が元自治体職員とは知らずにご依頼いただくケースの方が多いのですが。

―佐々木さんは、公務員時代にどのような意識で仕事に向き合っていましたか。

不本意な異動であっても何かしら仕事上で楽しみを見出し、結果的には楽しんでいました。滞納整理や生活保護ケースワーカーは市役所の３Ｋ業務と言われています。振り返れば辛いこともありましたが、楽しかったし能力を活かすこともできました。また、「公務員目線ではなく、住民やマスコミの立場だったらどう考えるだろうか」という視点で物事を判断するようにしていました。

―仕事外で意識していることは何かありましたか。

仕事外で意識していたのは、できるだけ現場に出向くということです。「森のようちえん」を運営している団体の方から「視察で来るひとたちはスーツと革靴で来てしばらく見て帰るけれど、朝から夕方までいて、Ｔ

シャツに短パン、しかもサンダル持参で来たのは佐々木さんくらいです」と言われたのは嬉しかったですね。そのことを覚えていてくれたのか、そのNPOが法人化する際には監事への就任を依頼されました。

あとは、自主研修会など公務員同士の学びの場に参加したり、自ら主催したりもしましたが、途中から物足りなさを感じるようになりました。徐々に民間のひとたちの場に参加するようになったり、最先端の学びの場に自腹を切って参加し、新しい知見やひととのつながり、知的な刺激を求めていきました。面白いと思ったら、とりあえず参加してみる。静岡に住んでいましたが、東京～大阪くらいの範囲であれば、フットワーク軽く参加していました。これはまさにクランボルツの「計画的偶発性理論」を実践していたと思います。

「退職するなら、週1日でもよいのでうちで働かないか」

―独立する際、ご家族にはどのように伝えたのでしょうか。

妻に「退職したい」と伝えました。先ほどもお話ししたように、退職したいと思ったタイミングは2度ありました。一度目は「1年様子を見てみたら」と妻に言われました。退職するなら職場に迷惑がかからない3月末だと考えていたので、一旦様子を見ることにしたのです。結果的に1年でNPO支援の部署に異動したので、その時点では退職することはありませんでした。

2度目に妻に退職の意思を伝えたときは、家計簿を見せるように言われました。家計は私が管理していたからです。妻はその家計簿を見て、退職についてはやむなしという感じで、強くは反対されませんでした。妻も働いていたので、いざというときは自分の収入もあるからと思って腹をくくってくれたのではないかと思います。妻にはとても感謝しています。

それまで保育園や学童保育のお迎えをし、平日の夕食づくりを担当するなど、私が家事や育児の役割を果たし、妻のキャリアを支えてきた面も少なからずあって、妻とは互いにキャリアの選択肢を認め合える関係性があったのだと思います。それが私の独立を後押ししてくれました。

―独立するまでにどんな準備をしましたか。

非営利の一般社団法人を退職前に設立しました。公務員が禁止されているのは営利企業への従事や報酬を受け取ることであり、非営利法人で報酬なしであれば設立することは問題ありません。元々は公務員を辞めなくても活動できるように準備したのですが、結果的に退職後の受け皿となりました。

また、職場では上司や直接の部下を除き早期退職についてほぼ内緒にしていたのですが、知り合いの民間のひとたちには積極的に伝えていました。そうしているうちに、「退職するなら、週1日でもよいのでうちで働かないか」と声をかけていただきました。退職後に定期的な収入が得られることが決まっていたのは、安心感につながりました。独立後は行政ではなく主に企業からの受注を見込んでおり、民間の友人・知人とのつながりの方が退職後の仕事につながるだろうということを意識していました。

―独立しようと考えている公務員に、アドバイスをお願いします。

20代なら、迷わずチャレンジを！　失敗してもリカバリーはいくらでも可能です。30代なら、民間でも通用する実績やスキルがあれば検討すべきです。40代は同じ年代が仕事を発注する権限を持っており、独立の「最後のチャンス」と考え、熟考することをおすすめします。50代では、収入源の確保や年金などの個別の事情を考慮する必要がありますが、特に高度な専門スキルがなければ、独立は難しいのではというのが私の考えです。

年代を問わず、パートナーの仕事状況は独立にあたって非常に重要です。専業主婦（主夫）のパートナーを持つ公務員の独立には大きな勇気が必要です。収入面を除いても、パートナーと互いのキャリアを支援し合える関係にあるといいですよね。

第5章

ここから創る、私のキャリア

1 すこやかに働き続けるために

ここまで、私たちミドル公務員がいわゆる「中年の危機」とどのように向き合い、人生の後半に向けてどのような準備をしていくといいのか考えてきました。最後の章ではまとめとして、ミドル期以降のキャリア形成の指針となる考え方を、5つの節でお伝えしていきます。最初の節は働き方についてです。

ミドル期こそ働き方に「すこやかさ」を

2章で触れたように、ミドル期は仕事のうえで様々な課題と向き合うことになります。「昇任したいのにできない」と「昇任したくない」といった真逆の悩みがあったり、人材育成によりひとを遺したいと思うひともいれば、自分の手がけた事業をきちんと遺していきたいと思うひともいます。管理監督職になれば当然に、ならなかったとしても自ずと、組織の中で求められる役割も変わっていき、自分の働き方のイメージとのギャップが広がって葛藤を抱くのがこの年代です。

このミドル期の働き方における大きな柱として「すこやかさ」を提案します。

組織・人事コンサルタントの村山昇さんは自身の著書『キャリア・ウェルネス　「成功者を目指す」から「健やかに働き続ける」への転換』（日本能率協会マネジメントセンター）の中で、人生100年時代の仕事観・キャリア観として「キャリア・ウェルネス」という概念を提唱しています。これは、ハードワークによって物質的に裕福になる「成功」を目指すのではなく、一人ひとりが自分らしく健やかに働き続けられることを目指す考え方です。

私は仕事観・キャリア観に「すこやかさ」という要素を取り入れるこの考え方を初めて知ったとき、地方公務員こそ取り入れるべき考え方なのではないかと感じました。定期的に転職であるかのように大きく仕事が変わり、しかも希望が叶うわけではない人事異動という仕組み。議会や住民、そして広く社会全体から、公務員に対して向けられる厳しい視線。安定した行政運営のために犠牲になりがちな、職員のやりがいや満足度。すべての職業において大切にされるべき要素であるのを承知のうえで、このような環境の地方公務員の世界でこそ、「すこやかさ」を大切にした働き方を追い求めていけたらと思うのです。

働き方の3つの「すこやかさ」

では、すこやかに働くとはどういう状態なのでしょうか。村山昇さんが提唱する考え方をヒントに私なりに整理をした3つの要素についてお伝えします。

ひとつ目は、心身の健康です。すこやかさの本来の意味です。地方公務員は、主に心の病を原因とした長期の病気休暇が増加傾向にあります。また、私たちミドル世代は体力の低下や病気などに見舞われることがあったり、仕事や家庭の悩みからやはり心の病に至るケースもあります。どんな状況でも仕事を優先するのではなく、心と身体の声に耳を傾けて、不調に至る前に休息をとったり気分転換をすることで、すこやかに働き続けるという意味です。

ふたつ目は、仕事の軸足を「組織のため」から「自分のため」へ移すことです。昇任したり重要な仕事を任せてもらうために、組織の期待に応えることを何よりも優先する働き方は、もうやめてもいいのではないでしょうか。代わりに、自分の価値観が喜ぶ働き方や、人脈や経験など必要な無形資産を得られる働き方を模索し、組織からの期待との間で上手にバランスをとって働くことが大切です。先が見えてくる私たちミドル公務員にとっては、公務員を退職した後も長く働き続けることを意識することが、キャリアのすこやかさにつながります。

最後の3つ目は、組織にぶら下がるのではなく、組織と対等な関係性で働くということです。組織にぶら下がって、「どうか辞めさせないでください」という関係性から卒業し、1章6節でご紹介した「いつでも今の組織を辞めてほかの仕事で食べていくことができるけれど、今は自らの意志で選んでこの組織で働いている」という状態で働くということ。辞めたら生きていけないという不安があると、組織に雇われ続けることが目的となってしまいます。そうなると、組織や上司が求めることが本当に地域や住民のためになる仕事なのか、判断できなくなってしまいます。公務員が「いつでも辞められる」という意識を持ち、組織とすこやかな関係を築くことは、地域や住民のためでもあるのです。

人間性を取り戻す

ミドル公務員は、自らがすこやかに働くだけではなく、職場のみんながすこやかに働けるような環境づくりにも貢献したいところです。働き方の「すこやかさ」を実現するための環境づくりとして、仕事における人間性について考えてみたいと思います。

例えば、日常的にメールで何らかの作業を依頼したり、依頼されたりすることがありますが、期限が極端に短かったり、作業の内容が非常に分かりにくい雑な依頼が届くこともありますよね。そういう依頼を目にすると、受け取るひとにも感情があり悩みながら作業することを、依頼するひとが想像できていないように感じます。こんな人間味を欠く、とても機械的なやりとりが庁内にあふれていませんか。

私は常々、市役所の仕事においてどうしたら人間性を取り戻すことができるかを考えています。人間性を取り戻すとは、関わる職員も住民もそれ以外の関係者も、一人ひとりに感情があることをイメージして関わり合うということです。安定的な行政運営をしようとすると、どうしても職員は代替可能な「歯車」であることが求められる面もあります。そのことに対しては理解できる部分もあります。また前述のメールの例のように、機械的に取り組むことが合理的に思えることも否定できません。経営学者の宇田川元一准教授（埼玉大学）は、『他者と働く～「わかりあえなさ」から始める組織論』（ＮｅｗｓＰｉｃｋｓパブリッシング）の中で、そのような関係を「私とそれ」の関係性であり、向き合う相手を自分の「道具」のように捉える関係性だと指摘しています。

それに対して、相手は自分と同じように固有の感情や考えを持つ、かけがえのない人間であると認める関係性を、「私とあなた」の関係性だと述べています。これは相手を道具としてではなく、人間として捉える関係性です。

一人ひとりが異なる感情や考えを持つ人間なんだと捉えて働くのは、マネジメントの観点では手間のかかる、面倒な方法かもしれません。でも、互いを道具や歯車として扱うのではなく、人間として扱うことが当たり前の環境であれば、立場の違いを越えて分かり合おうとする努力が自然と生まれるのではないでしょうか。家族の体調が悪くて休暇をとる職員に対しても、お互い様だと考えられるでしょう。自分が辛い状態に置かれたときも、助けを求めやすいはずです。これが私が考える人間性を取り戻した職場です。

自分がすこやかに働きたいと思うのであれば、誰もがすこやかに働けるように、日々の仕事の中で失われがちな人間性を取り戻して「すこやかな職場」をミドル世代が中心になってつくっていけたら、世代や役職を問わず多くの職員が自分らしく働くことができそうです。

2 人間関係は他責でも自責でもなく

3章では、人間関係について職場とプライベートとそれぞれの切り口で考えてみました。『『分かり合えない』から始める』「他者は変えられない」といった本質的な心構えもお伝えしましたが、この節では「他責思考」と「自責思考」について考えることで、人生の後半でも新しいキャリアを拓くための人間関係の新しい考え方をお伝えします。

他責思考では成長できない

他責思考というのは、ある出来事に対して自分以外の他者や環境などに原因を求める、考え方の癖です。例えば、明日発出する予定の通知の決裁が得られないまま前日の午後になって、「課長が決裁してくれないから、通知が出せない」と騒ぐひとがときどきいますよね。こういうときに課長のせいにするのが「他責思考」です。でも、その決裁を余裕を持って起案しておけばいいだけですし、どうしても必要なら決裁ライン上の職員に説明しながら、早めに承認してもらうこともできます。ここで「私が早く起案しなかったからだ」と、原因を自分に求めることができるのが「自責思考」です。

一般的に、若手職員には研修などで、他責思考から自責思考への転換を促すよう指導されますが、それは他者のせいにすることは多くのケースで何の解決にもならないからです。3章でもお伝えしたように他者は変えられませんから、仮に課長が悪いと決めつけたところで、その課長が変わらない以上、解決の手段がありません。それよりも自分に原因があったと評価して、自分の行いを改める方が何らか対処できることがあり、具体的な解決につながります。加えて言えば、そのように自責思考で自分が変わろうとすることは、職員としての成長にもつながります。他責思考で起こることをいちいち他者のせいにしていては、自分の成長は止まってしまいます。

私たちのようにミドル期になると、仕事のうえで他責思考ではなく自責思考でいることは、ある程度当たり前になっているかもしれません。他責思考だと人間関係にもいい影響はありません。自分以外の誰かのせいにしても仕方がない場面で、結局のところ自分で何とかするしかないという経験をたくさんしてきました。

ただし、プライベートでの他責思考については注意が必要です。特に家族が相手だと甘えが生じて、些細なことから重大なことまで「夫／妻／子どものせいで……」という気持ちが沸き上がることはありませんか。食事の時間が遅くなることや旅行先でのトラブルなど些細なことから、子どもの教育や親の介護のことまで、パートナーや子どもに対して「あなたのせいで……」と言いたくなることがあるのではないでしょうか。また、キャリア形成の場面で言えば、親の介護で仕事を休みがちになることを協力してくれない兄弟姉妹のせいにしたり、定年退職まで公務員を辞められないのをパートナーの稼ぎのせいにしたりするのは、他責思考です。たとえそれが実際の理由の大部分を占めていたとしても。

他責でも自責でもなく「無責」

では、自責思考で「私の努力が足りないから、親の介護で仕事を休みがちになるんだ」と考えるのがいいのでしょうか。確かに最初の一歩としては「兄弟姉妹が協力的でないのは、私がきちんとコミュニケーションをとってこなかったから」とか、「自分とパートナーの負担が大きくなってしまうのは、地域の支援をしっかり利用できていないから」といったことは真剣に考えた方がいいでしょう。ただ、そのうえで、これからのキャリア形成を考えるのであれば、「無責思考」でいくのがよいでしょう。

無責思考は「誰かのせいにすることを必要としない」思考です。「せいにする」は責める、責任を取らせると言い換えても構いません。無責思考は、他者のせいにも自分のせいにもせず、「誰に何ができたか／できるのか」に着目します。例えば、他部署の協力が必要であるにもかかわらず協力してもらえないと、「大事な事業なのに、どうしてあの部署は協力してくれないんだろう？」と思うことがありますよね。この場面で、3つの考え方を比較すると、このような考え方になります。

他責思考　「あの部署が事業の内容を理解しないせいだ」
自責思考　「自分の事業の説明が分かりにくいせいだ」
無責思考　「理解してもらうために、どんな説明ができるだろう」

一見すると「できること」があったひとに対して、それを怠ったとそのひとのせいにするのと変わらないように見えるかもしれません。しかし、他責思考と自責思考が責任や義務の不履行に着目するのに対して、無責思考は可能性に着目します。そして、過去に留まらず未来の可能性までを視野に入れ、「これから何ができるか」を大切にする考え方となります。

自責思考は確かに成長につながる考え方ですし、周囲との関係も良好に保てるかもしれません。個人が主体性を発揮することにもつながる、前向きでとてもパワフルな考え方です。一方で、力強いけれども、それゆえに肩に力が入っている気がして少し窮屈さを感じます。「自分に責任がある」という気持ちが強くなりすぎて、いつしか「自罰思考」とでも呼ぶべき状態のひとも見受けられます。

「無責思考」が、新しいキャリアを拓く原動力になる

前述の親の介護の場面では「私は、親の介護と仕事を両立するために何ができるだろう」と考えるのが最初の一歩になります。それは、パートナーと話し合うことかもしれません。行政の福祉部門に相談しに行くことかもしれません。介護と両立できる働き方について職場で話し合うことが打開策になる場合もあり得ます。いずれにしても、親の介護で仕事を休みがちになることを家族や自分のせいにしていたら前に進めません。問題や原因ではなくできることに着目することで、自らの具体的な行動につながります。他者のせいにするのではなく、「できませんか」という提案やお願いなら、兄弟姉妹や職場が協力してくれることもありそうです。

これは「親の介護で仕事を休みがちになる」という問題だけでなく、ミドル期以降のキャリア形成を考えるとき、常に意識したい姿勢です。望むようなキャリアがあるなら、それが叶わない原因に着目するのではなく、自分自身を中心に誰に何ができるのかに着目することがキャリアの可能性を広げ、前に進む原動力になります。

ひとは「原因」が特定できると安心する生き物です。他人のせいにして「私は悪くないんだわ」と安全地帯を得るのも、自分のせいにして「どうせ私のせいなんでしょ」と弱者を装うのも、原因を特定して安心したい心の作用です。一方、無責思考は原因を特定しないので、安心にはつながらないかもしれません。それでも、「あいつのせいとか、私のせいとかどうでもいいから、私に何ができるか考えよう！」という構えが、ミドル期の私たちが向き合うべき人生後半のキャリア、定年まで勤めるにせよ途中で辞めるにせよ、公務員退職後までを見据えた新しいキャリアを拓くことになるはずです。

3 キャリアの「崖」ではなく「滑走路」にするために

皆さんは今、何歳ですか？　私はこの原稿を執筆している時点で45歳です。計算をすると100歳まで残り2万日ほど。これを多いと感じるか少ないと感じるかはひとそれぞれですが、ミドル期になると人生の残りの時間を意識するようになることは既にお伝えしました。来年のために今日を一所懸命生きることも大切ですが、人生後半の40年、50年のために次の5年、10年を意識して過ごすことも同じくらい大切なこと。その第一歩として、そろそろ自分の人生を《組織中心》から《自分中心》へと移行させましょう。

「組織のため」から「自分のため」

これまで私たちは20年、30年と長い時間を組織のために働いてきました。こんなふうに書くと、「私は組織のために働いてきたわけではない」「自分の好きなように働かせてもらってきた」と思うひともいるかもしれません。ですが、1週間のうち5日間、毎日8時間、組織が指定した職場に出勤し、定期的な人事異動で新しい仕事に向き合う生活を、20年間過ごしてきました。1週間40時間を費やしてきた仕事以上に、たくさんの時間を費やしてきた活動はないはずです。組織とうまくコミュニケーションを図り、やりがいも感じながら思うままに働いてきたとしても、それが自ずと組織に貢献する時間であったことは地方公務員である以上は否定しがたいことです。

そのことを一旦認めたうえで、ここからの5年、10年は組織に貢献することは手放さないまま、毎日を自分のための時間にしていきましょう。
それは今後のキャリアの変わり目を「崖」にせず、「滑走路」にするためです。

これから訪れるキャリアの変わり目

私は「45歳になったときに、公務員を《辞められる人材》になる」という目標を掲げて、キャリアコンサルタントの資格を取得したり、ワークショップなど実践を重ねたり、ひととのつながりをつくったりしてきました。その一環で県の創業支援を利用したことがあります。そこで相談した専門家の方に言われたのが、「定年退職後に創業するとしても、50代の早い時期から相談に来るひとの方が成功しやすい」ということです。そして、その準備を始めるのは早ければ早い方がいいとも言っていました。

私たちは誰しも、いつか公務員を辞めることが決まっています。そうであるにもかかわらず、「公務員後」の準備について語られることは年金などお金の心配ばかりで、どのようなキャリアを歩むのか、そのために40代、50代で何をしておくのかを考える機会がありません。なぜか組織が50代の職員に「その準備」として用意するのは、退職後の保険の取り扱いや退職金をうまい投資話でむしり取られないように注意喚起する研修が中心。恐らくは、公務員として定年退職まで勤めあげ、再任用を経て年金をもらえるようになれば、あとは旅行や趣味で余生を過ごせばいい、そんなイメージがあったからでしょう。

しかし、今の40代、50代は、もっと異なる「余生観」を考える必要があるはずです。健康に働ける時間は一層長くなることのポジティブな可能性、経済の状況の変化など年金だけで暮らす時間が長くなることのリスク、役職定年による組織内での働き方の不透明感。先輩たちのように年金をもらえるまで役所にいれば安泰というのは、もはや幻想かもしれません。

また、地方自治体では昨今、若手から40代にかけて離職者も増えていますよね。そこには「定年まで地方公務員でいることの不安」も影響している気がします。この不安は、私自身も当事者として強く感じます。キャリアの変わり目がもっと早く訪れる可能性も、考えておく必要があるかもしれません。

そうであるにもかかわらず、何の準備もせず目の前の仕事に忙殺されながら過ごす40代、50代の様子は、まるで崖の上を海に向かって走っているようです。

飛び立つための「翼」と「助走」

キャリアの変わり目を「崖」ではなく「滑走路」にするために、40代、50代は走りながら飛び立てるように準備をする必要があります。ゆっくり崖の突端まで歩いて行って、そこで下を覗き込んだら飛び立てません。自分に合った翼を手に入れて、手前から助走で勢いをつける必要があります。

翼を手に入れるというのは、飛ぶための道具・手段を手に入れること。助走で勢いをつけるというのは、実践の機会を得て備えておくことです。例えば3章でお伝えしたパートナーとの関係性、4章でお伝えした地域とのつながりづくりやパラレルキャリアなどがそれにあたります。インタビューでお話をお聴きした佐々木幸雄さんは、人材育成について専門的に学んだり、公務員として働きながらSDGsの研修講師として登壇機会を得て、民間の講師と比べて遜色ない実力を身に付けていきました。また、公務員を辞めて独立する前に民間の友人に離職の予定を伝えたり、将来的な仕事につながる可能性を考えて人的ネットワークをつくっていたと語っていました。これも「翼」と「助走」です。

翼を手に入れて助走するためには、それなりに時間が必要です。パートナーとの関係性をつくるにも、地域でつながりをつくったりパラレルキャリアで何らかの実践をするのも、数年がかりの取組です。だからこそ、創業支援の専門家の方は、定年退職がまだ先でも早く相談することをすすめていたのです。

自分のための時間

キャリアの変わり目を「崖」ではなく「滑走路」にするために、組織に貢献することは手放さないまま、自分のための時間を過ごしたいことは前述しました。

では、具体的にどのようにすればいいのでしょうか。ここで自分のための時間を過ごすというのは、「翼」を手に入れて「助走」するための時間を組織で働きながら得ることです。まずは普段の仕事を「翼」と「助走」にできる部分があるかもしれません。例えば組織内外の人的ネットワークは、そのまま退職後の見えない資産に直結します。退職後の仕事で、組織での業務内容が経歴として活きることもあります。

また、業務外で様々なことに取り組む時間を手に入れるためには、残業を減らすことも効果的です。ただ組織のためにガムシャラに働くだけでは「翼」も手に入りませんし、「助走」にもなりません。本当に今やるべき仕事なのか、自分がやるべき仕事なのか、今一度チェックしてみてもいいかもしれません。プライベートの時間の使い方も工夫して捻出できないでしょうか。例えば、テレビやスマートフォンに消費させられている時間はないでしょうか。

結局、自分で大切だと思っていないことや、自分でやると決めたわけではないことを、何らかの事情でやらされる時間がもったいない。あまり意味がない飲み会には行かないとか、ものを増やさないとか、空気は読まないとか、私はいくつかやらないと決めていることがあります。自分の人生を生きるためには、やるべきことと必要ないことを冷静に線引きすることが大切です。

4 仲間づくりのために発信して狼煙を上げる

4章で地域とのつながりやパラレルキャリアなどについてお伝えしました。このふたつに共通して重要なのが組織外でのひととのつながりです。このつながりは、定年退職後や転職・独立など公務員後のキャリアの準備という観点でも大切な資産です。組織外でのつながりをつくる方法として有効なのが「個人としての発信」。ここでは個人としての発信によって、組織の外でのつながりをつくる方法について考えてみます。

出会う手段としての「発信」

皆さんは、仕事で何らかの募集をかけたことはありますか？　イベントの開催でも委託業務の入札でも住民説明会でも同じですが、それらに関心のある市民や事業者を探すのに、「あなた、○○に興味ありませんか？」と一人ひとり声をかけたりはしませんよね。きっと、市のホームページや広報紙を使ってイベントや入札があることを「発信」することで、興味のある市民や事業者から接触してくれるのを待つのではないでしょうか。募集という行為は、つまり特定の情報を発信することによって、興味のある市民や事業者と出会おうとする行為だと言えます。

あまり意識することはありませんが、募集が目的ではなくても、情報を発信することは自ずと「出会い」を創出することにつながっています。それは「狼煙《のろし》」のようなもので、離れた場所からもそこに誰かがいることが分かり、立ち上る煙の様子によっては見たひとを引き寄せます。皆さんもインターネットで調べものをしているうちに、ほかの地方自治体や企業、団体のホームページに辿り着き、相談の連絡をしたことがあるのではないでしょうか。恐らくホームページに情報を載せている担当部署は、その内容に興味がある地方公務員と話したくて、その情報を掲載したわけではないはずです。でも、発信することによって離れた場所から見つけられ、結果的に連絡があり、出会いのきっかけになります。

これは何も公式なホームページでの発信に限りません。仕事の中だけで起こることでもありません。今は誰もが個人としてメディアを持つことができます。多くのひとがブログやＳＮＳにより発信していて、その発信内容に興味を持った閲覧者が発信者に容易に連絡を取ることができます。

このように何かを発信するという行為には、その内容に関心のある誰かを惹きつけ、発信した者と関心を持つ者とを結びつける働きがあるのです。

「発信」がつなぐ仲間との縁

私の場合は、２０１５年からブログで公務員のキャリアについて記事を書いています。「公務員は本当に安定しているのか？」といった疑問を投げかけたり、「公務員が二枚目の名刺を持つ意味」などを伝える中で、公務員のキャリアについて関心を持つ全国各地の地方公務員とつながることができました。互いに企画したイベントに参加したり、オンラインで語り合ったりといった継続的な関係を築くことができたひともたくさんいます。また、キャリアコンサルタントの資格を取得してからは個別キャリア相談についても発信し、年間50組ほどの相談者にキャリアコンサルティングを提供しています。ブログの記事を読んだ担当者の方からのキャリア研修のご依頼も増えてきました。

私が「公務員のキャリア」について発信したように、発信するなら自分が関心の強い内容にした方がいいでしょう。ここでおすすめするのは、仲間づくりの手段としての発信だからです。一緒に学んだり語り合ったり、何らかの活動に取り組む仲間なら、自分が強い関心を持つことでつながる方がいいですよね。仕事に関係するテーマでもいいでしょうし、いつか関わってみたい個人的なテーマもいいでしょう。

発信方法についてはブログやSNSをイメージするひとが多いかもしれませんが、動画の撮影・配信も手軽になっています。最近はインターネットラジオなど音声配信アプリも利用者が増えているので、狙い目かもしれません。

またインターネットを前提とした発信は有効ですが、それに限らず、もう少し広い意味で発信を捉えることもできます。例えば、知人と食事をしているときに「この地域で土日にボランティア活動をしたいと思っているんです」と話してみるのも発信です。後日その知人がボランティアを受け入れている団体を教えてくれるかもしれません。こういった発信も出会いにつながります。米国の社会学者マーク・グラノヴェッターが提唱する「弱い紐帯の強さ」という理論をご存知でしょうか。家族や親しい友人など自分と強くつながっているひとよりも、たまに会って話すくらいの弱いつながりの知人の方が、自分にとって有益で新しい情報をもたらしてくれるという概念です。

大切なのは、自分の関心のあるテーマややってみたいことを、色々なひとに知ってもらうこと。インターネットは強力なツールですが、それに限らず「他者に自分の興味ややりたいことを伝える習慣」を身に付けることで、意図せぬ出会いの可能性を高めることができるのです。

発信すること、発信しないこと

発信する内容については「仲間づくりの手段だから、自分が関心のあることを」と前述しました。これについて少し掘り下げておきます。「関心」を発信すると、同じことに関心を持つひとが「もっと知りたい」「私も語りたい」といった気持ちでつながってくれます。ブログの問い合わせフォームから直接連絡をいただいたり、SNSを使っていればダイレクトメールで連絡をいただくこともあります。私が公務員の兼業・副業についてNPO「二枚目の名刺」での経験なども踏まえて発信していたときには、SNS上で活発にやり取りさせていただきました。また実際に、そういったことについて話す場を求める各地の公務員が、小さな対話の場に参加してくださって実際に出会うこともありました。

発信をして同じようなことに関心を持つ誰かに見つけてもらったら、そこから交流が始まります。そこで互いにピンとくるものがあれば、小さなことからも何か行動してみてください。お互いに関心のあるイベントに一緒に参加してみるのもいいでしょうし、互いの知り合いに声をかけて気になるテーマについて話す場をつくってもいいかもしれません。関心のあることの中に「やりたいこと」や「できること」もおり混ぜて発信すると、「一緒に活動したい」「手伝ってほしい」というひとから声がかかり、具体的な取組につながることが増えるかもしれません。

最後に、発信しないことについて触れておきます。私は実名で、所属組織（さいたま市役所）も公開してブログやSNSを活用しています。当然、発信のリスクについては気を配っていますが、主に気を付けているのは3点です。ひとつはネガティブまたは攻撃的な発信は控えること。もうひとつは、仕事上知り得た秘密に触れないこと。最後は、法令や倫理的に問題がありそうなことは書かないこと。これらは身元が明らかだからこそ余計に気にしている部分もありますが、基本的には匿名であっても発信する者として身を守るためのリテラシーです。この点を守りながら、思想や表現の自由の下で、積極的に発信して、互いのキャリア形成につながる仲間との出会いを楽しんでください。

5 自分の手でキャリアをデザインする

本書も最後の節となりました。ミドル期の公務員が直面する「中年の危機」に着目し、仕事や人間関係、地域・社会との関係などの切り口で、それぞれの課題への向き合い方について考えてきました。様々なことをお伝えしてきましたが、最も大切なメッセージは、「はじめに」でも述べたように「ミドル期では一度立ち止まり、組織軸から自分軸にキャリアの主導権を取り戻して、地方公務員として幸せになりましょう」ということです。

「中年の危機」は危険と機会

本書のメインテーマである中年の危機は、私たちミドル世代が広く経験するキャリアの節目です。節目というのは、それまでの状態から次の状態へと変化するポイントです。キャリアの節目とは、自分のライフステージが変わり、周囲から求められる役割も自分の関心も変わる時期。働き方で言えば、プレイヤーからマネジャーへ移行したり、自ら成果を出すことから後進の育成へと仕事の関心が変化する時期でもあります。組織からの期待も変化します。それらの変化に自分のあり方の変化が追いつかず、そのギャップに苦しむのが中年の危機です。

日本国内のキャリア論の第一人者である金井壽宏名誉教授（神戸大学）は、自著『働くひとのためのキャリア・デザイン』（PHP新書）の中で「節目につきものの危機には、『危険』と『機会』がともに存在する」と述べています。そして、「だから、節目には（中略）歩みをしばし止めて、内省する必要がある」とも付け加えています。

中年の危機における「危険」としては、変化に適応できず自分を見失ったり、変化に適応しようとするあまり極端な行動に走ったり（次の職が決まらない中で急に仕事を辞めてしまうなど）、場合によっては心身の不調に陥ることなどが考えられます。一方「機会」は、これまでの自分のキャリアを振り返り自己理解を深めたり、人生後半の生き方を改めて考えたり、パートナーと互いのキャリアについてじっくり話したり、中年の危機のこのタイミングをそうした機会として活用できるという意味です。

立ち止まる、見つめ直す

危機においては危険を回避し、機会を活かすために一度立ち止まることが大切です。立ち止まると言っても「仕事に行かない」とか「組織の外での活動を休止する」ということではありません。通常の日々を過ごしながら、今のこの状況を不安な気持ちや葛藤を含めてじっくりと味わい、自分のことを見つめ直すという感じでしょうか。

キャリアの節目におけるこういった作業が、１章でご紹介したキャリアデザインです。

皆さんにも取り組んでいただけるように、キャリアデザインの作業を具体的にご説明します。まず、①これまで歩んできたキャリアを振り返ります。経験してきた仕事や、強みを発揮したりやりがいを感じた場面を思い出し、自分なりのパターンを分析します。次に、②今の場所から目指したい方角の「北極星」を見出します。公務員として目指す最終的な姿や、人生を通して成し遂げたいことなどを深掘りして言語化します。最後に③その方角へ進む方法やルートを思い描いて一歩目を踏み出します。この①から③までの一連の作業がキャリアデザインの取り組み方の一例です。キャリアデザインは中年の危機に限らず、キャリアの節目において取り組むとよいとされ、キャリアコンサルタントが相談者のこの一連の作業を支援することもあります。

「北極星」を目指すために

キャリアデザインの中で特に大切な「北極星」の部分について、もう少し詳しくお伝えします。「北極星」を考える際に、例えば「市役所を辞めるときに部下や後輩から贈られる言葉として、どんな職員だったと語られたいか」や、「自分自身の葬式の弔辞で、どんなひとだったと語ってもらいたいか」といった問いに対する答えとして考えていただくことができます。皆さんだったら、何と答えるでしょうか。

私は市役所を辞めるときには、「島田さんは、どんな部署でも常にひとの成長を支援しているひとだった」と言われたいと思っています。私にとって、公務員のキャリア支援はライフワークです。今後も同じ職場の仲間や後輩はもちろん、キャリアコンサルタントとして向き合う相談者の皆さん、ご依頼いただき研修などをお届けしている全国の地方自治体の皆さんのキャリア支援には、一生涯取り組んでいきたいと考えています。本著の執筆もその活動のひとつです。

皆さんが目指す方角の先にある「北極星」は、どのような未来でしょうか。ライフワークと呼べるものがなかったとしても、どのように公務員人生を終えたいか、そして公務員退職後、定年まで勤めあげても途中で辞めても、さらに続くキャリアをどのように生きていきたいと思うでしょうか。誰にどんな価値を届けて、そのひとを笑顔にしたいのでしょうか。日々の仕事に一所懸命向き合いながら、公務員という立場や所属する組織を使い倒して、ぜひ人生100年時代の後半を自分らしく生きるための準備に取り組んでください。私たちの人生は仕事のためにあるのではありません。よりよい人生を送るために働いているのですから。

人生のハンドルは自分の手で握る

公務員として、ひとりの職業人として、誰かのパートナー・親として、皆さんは人生の後半をどう生きていきますか。皆さんに残された公務員としての時間はどのくらいでしょうか。私は今、45歳なので、定年退職まで勤めあげればちょうど20年です。その後もさらに80歳まで15年は、キャリアコンサルタントとして働きたいと考えています。私自身も今まさに立ち止まって、自分なりの「北極星」に向かって一歩踏み出そうとしているところです。

これまで公務員として一所懸命働いてきたひとほど、自分のキャリア形成が組織任せになっているかもしれません。身に覚えがあるというひとは、残りの人生で目指す「北極星」に近づけるように働き方もプライベートの過ごし方も意識してみてください。組織が決めるのは肩書きや担当業務といった外的キャリアに過ぎません。キャリア全体の進む方向は自分の手に委ねられています。

私はキャリア研修の最後にいつも「自分のキャリアのハンドルは、自分の手で握る」というメッセージをお伝えしています。どんなキャリアを歩むにしても、その時々の状況に向き合いその都度必要な判断をするのはあくまで自分自身です。ちょうど折り返し地点を迎えて、これから人生後半の物語を生きていくにあたり、ぜひキャリアの主導権を自分の手に取り戻しましょう。それが結果的にキャリアの満足度を高め、きっと仕事を通じて地域に価値をもたらし、住民の幸せにもつながるはずですから。

あとがき

45歳の挑戦

幸運にも一冊目の単著を学陽書房から出させていただいた後、私には公務員のキャリアに関して書籍として書いておきたいテーマが3つありました。それらの構想を温めているところに、株式会社公職研の友岡一郎さんからまったく異なるテーマで執筆のご相談をいただき、驚きと戸惑いを感じながらお引き受けしたのが昨日のことのようです。そのテーマが「ミドル期の公務員の働き方・生き方」です。

45歳の私にとって、自らが経験していない50代前半までを対象に働き方や生き方について書くことは挑戦でした。

現役公務員でありキャリアコンサルタントであるとはいえ、ミドル期の課題の専門家というわけではなく、実務家であり当事者に過ぎない私に、本当にこのテーマで本を書く資格があるのか。45歳の係長である私が、50歳の課長の役に立つ言葉を届けられるのか。常に問いかけながらの執筆となりました。

そんな私を助けてくれたのは、結局のところキャリアコンサルタントとして学んできた理論や多様な相談者とのキャリアコンサルティングの経験であり、当事者として「中年の危機」と向き合っている日々の実践であり、そして公私で交流のある先輩たちのいきいきとした生きざまでした。

また、本書では40代後半から50代の4名の先輩方のインタビューによって、私が伝え切れない点を補っていただきました。

本書でお伝えしている内容には私自身の経験や私の置かれた環境の中で感じてきたこと、つまりはサンプル数1の考え方を多く含みます。それらを普遍的な知恵として受け取っていただけるように、研究者らが積み上げてきた理論や先人が遺し受け継がれてきた言葉などを可能な限り添えさせていただきました。読者の皆様が40代、50代の中年の危機をじっくり味わい、乗り越え、その後に待ち受ける後半生の季節を自分らしくいきいきと過ごすためのヒントとして活用できる言葉を、ひとつでも見つけてくださっていたら望外の喜びです。

誰もが過ごす季節だからこそ

管理職のマネジメントの課題も、公民連携事業での企業との関係性の課題も、留学したい子どもの応援のあり方の課題も、いずれもそれに関わることがなければ向き合うことのない課題です。

一方、本書のキーワードである「中年の危機」は、ほぼ例外なく誰もが経験する課題です。30代から突入するひともいれば、50代になってその変化を感じるひともいますし、短い期間で終えるひともいれば、抜け出すまでに10年かかるひともいます。仕事に課題の中心があるひともいれば、もっぱら家庭の中に課題を抱えるひともいます。現われ方や深刻さは異なっても誰もが経験すること、それが「中年の危機」の特徴なのです。

同時に、ミドル期には公務員ならではの課題にも悩まされます。

本書の中でもご紹介したような、特定の分野での専門性の築きにくさや下積み時代の長さ、転職や独立といったキャリアチェンジの難しさなどが、ミドル期以降の公務員のキャリア自律を阻んでいると感じます。本書ではあまり触れませんでしたが、その根底には「全体の奉仕者」であるがゆえに、様々なことを感じながら日々成長する「人間」としてではなく、一定の働きを保ち代替が可能な「部品」としての職員という労働観を、組織や制度が求めていることと無関係ではなさそうです。

誰もが経験する中年の危機にあって、本来の自分の軸を大切にし、内的キャリアを育みながら自己実現を目指すことで、新しいアイデンティティを確立したいのがこの時期です。そうであるにもかかわらず、「部品」であることでそれが容易ではないミドル期の公務員にこそ、中年の危機をサバイブする知恵を知っていただきたい。その想いは、本書を書き進める大きな原動力となりました。

とは言え、ミドル期の公務員の課題については、実はまだまだお伝えできていないことがたくさん積み残しとなりました。本書を執筆しながら先輩たちの話を聴き、論文などに目を通し、日々のニュースなどで実態を知ることで、お伝えしたいことは増える一方でした。今後、自分のブログ（note）やイベントなどで発信するとともに、機会があれば再び書籍などにまとめられればと考えています。

3つのお願い

公務員が充実した気持ちでいきいきと働くことが、住民の幸せにつながる。

これはひとりの公務員として、そして、公務員のキャリア支援に取り組むキャリアコンサルタントとしての私の信念です。日頃、1対1のキャリアコンサルティングや研修などに取り組むだけでは、どうしても届けられる人数に限界があります。それが今回はこのように、本書を通じて多くの皆さんに言葉を届ける機会が得られました。

せっかくですから、ここまで読んでくださった皆さんに単に言葉を届けて終わるのではなく、中年の危機に向き合っている一人ひとりのキャリア形成支援へとつなげるために、お願いが3つあります。

ひとつは、実践していただきたいということ。本書は、5つの章にわたり33の節と4本のインタビューが収められています。その中でひとつでも参考になる内容がありましたら、ぜひ具体的に実践してください。特に5章でお伝えしたキャリアデザインは、ご自身の「北極星」のことを中心に考えてみてください。ひとりで考えるのが難しい場合は、キャリアコンサルタントなど専門家の助けを借りるのも有効です。

もうひとつは、この機会に一度立ち止まることを過度に恐れないでほしいということです。5章5節でもお伝えしたように、中年の危機は「危険」もありますが、キャリアについてじっくりと考える「機会」でもあります。幸いにして私たち公務員は、よほどのことがない限り今の職を追われることはありません。仕事も家庭も放り出すことは難しいですが、少しだけペースを落として、今感じている葛藤をじっくりと味わってみてください。中年の危機を脱して次のフェーズへ移行するために、これも必要な時間なのです。

3つ目は、パートナーなどご家族とこれからの人生後半のお互いの生き方について、話をしていただきたいということです。自分が今後どのようなキャリアを歩みたいと考えているのかを伝え、相手が考えていることに耳を傾ける。このように書くと難しいことではないような気がします。でも、実際できているひとは多くないのではないでしょうか（かく言う私もなかなかできていません）。キャリアは自分ひとりでつくるものではありません。パートナーや家族と協働によりつくっていくものです。

謝辞

最後に、本書の執筆にあたりお世話になったご関係の皆様への謝辞で締めくくりたいと思います。
今回、インタビューに快くご協力いただいた坂本勝敏さん、栗林正司さん、矢嶋直美さん、佐々木幸雄さんには、中年の危機を乗り越える多くのヒントを読者に伝えていただき、厚く御礼申し上げます。インタビューを通して、私自身が今まさに中年の危機と向き合うにあたって活用したい気付きも、たくさんいただきました。

また、日々一緒に働いているさいたま市役所の皆さん、交流させていただいている全国の公務員やキャリアコンサルタントの皆さん、業務外の活動などにともに取り組んでいる仲間の皆さんからは、多くの刺激と学びをいただき、本当に感謝しています。皆さんと過ごす時間があったから、本書を書き上げることができました。

そして、本書の書き手として私を見出してくれた友岡一郎さん。予定した期間を過ぎてもなかなか書き進まない私に、最後まで温かく伴走していただき、ありがとうございました。友岡さんのご助言と励ましがなければ完走できませんでした。

最後に、平日の夜や休みの日に原稿を執筆したりキャリアコンサルタントとしての活動に取り組むことを許してくれる、ふたりの娘と最愛の妻に、心からの感謝を捧げます。この4人で同じ船に乗り旅路を往けることを、とても幸せに感じています。

著者紹介

島田正樹（しまだ・まさき）

さいたま市環境局ゼロカーボン推進戦略課係長／国家資格キャリアコンサルタント／認定ワークショップデザイナー／一般社団法人公務員研修協会理事。

2005年さいたま市役所に化学技師として入庁。環境局（公害対策、エネルギー政策等）、内閣府・内閣官房（地方創生）、都市局（公有地活用）、保健衛生局（地方衛生研究所）を経て現職。技師としてのキャリアに悩んだ経験から、内閣府・内閣官房派遣中に業務外で公務員のキャリア自律の実現を支援する活動に取り組みはじめる。

2021年にキャリアコンサルタントの国家資格を取得し、個人のキャリア相談に対応するとともに、キャリアをテーマにしたワークショップや勉強会を自ら企画・主催。大分県、大田区、松江市、さいたま市、彩の国埼玉人づくり広域連合等、地方自治体における研修の講師を務める。公務員としての働き方などについてnote「島田正樹｜地域×キャリアコンサルタント×ワークショップデザイナー」（http://note.com/shimada10708）で発信中。

「自治体総合フェア」等イベントでの講演、月刊『ガバナンス』など雑誌やウェブメディア等への寄稿実績多数。

ミッションは「個人のＷｉｌｌ（やりたい）を資源に、よりよい社会・地域を実現する」。目標はフリーランスの公務員になること。単著『仕事の楽しさは自分でつくる！　公務員の働き方デザイン』（学陽書房）。


いまから始める！ミドル公務員のすこやかキャリア

2024年（令和６年）９月30日　初版第１刷発行

定価はカバーに表示してあります。

著　者　島田　正樹
発行者　大田　昭一
発行所　**公職研**
〒101-0051
東京都千代田区神田神保町２丁目20番地
TEL　03-3230-3701（代表）
　　　03-3230-3703（編集）
FAX　03-3230-1170
振替東京　6-154568

ISBN978-4-87526-454-5 C3031　https://www.koshokuken.co.jp

落丁・乱丁は取り替え致します。 **PRINTED IN JAPAN**

カバーデザイン：クリエイティブ・コンセプト

印刷：ウィル・コーポレーション

公職研図書紹介